KB245467

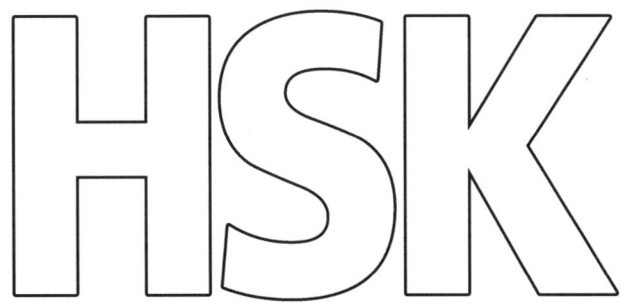

초·중등 유형별 연습

| 6급 넘기기 |

吳　穎 오영 지음, 이정희 번역

북코리아

:: 수정판 설명

〈HSK(초중등) 유형별 연습 – 6급 넘기기〉는 한국학생들을 위한 HSK 학습 지도용 참고서로 출판된 지 어언 4년이 되어갑니다. 2003년 12월, 이 책을 집필할 때 나는 한국의 배화여자대학 중국어통번역과 교환교수로 있었으며, 반년 후 정식 출판 되었을 때 이미 상해사범대학으로 돌아간 상태였습니다. 나는 이 책이 한국 HAO-TV에서 HSK 강의 교재로 사용된 것을 매우 기쁘게 생각합니다. 한국 학습자들의 관심과 성원으로 이 책이 다시 재판될 수 있었습니다. 이 책을 사용하고 관심을 가져주신 독자들에게 진심으로 감사드리며, 아울러 책 내용 중 오류와 중복 부분이 있었음에 유감의 뜻을 전합니다. 새 수정판에서는 비교적 꼼꼼히 내용을 수정하고 보충, 삭제하였습니다.

이 책은 인덕대학 이정희 교수의 번역과 북코리아 이찬규 사장님의 관심에 힘입어 출판과 수정이 이루어 졌습니다. 이정희 교수는 이번 수정과정에서 많은 부분을 자세하고 세심하게 지적해주었으며, 이찬규 사장님은 이 책에 대해 지속적으로 협조해주셨습니다. 이 자리를 빌려 깊은 감사를 드립니다.

시간이 많지 않았기에 부족한 부분들이 많이 있습니다. 독자와 선생님들의 소중한 의견 부탁드립니다.

오영 2008년 2월
상해사범대학 대외한어학원에서

:: 再版說明

　　《HSK（初中等）分項練習－－巧過6級》是一本指導韓國學生學習漢語HSK的參考書，出版已將近4年了。2003年12月開始編寫這本書的時候，我還是韓國培花女子大學中通系的客座教授，半年后書正式出版時，我已經回到了上海師范大學。我很榮幸這本書能作爲韓國HAOTV電視台教授HSK的教材。承蒙韓國學習者的關心和支持，使得本書能夠有机會再版。對使用和關心本書的讀者表示誠摯的感謝！同時我也對書中的有錯誤及重复的現象向讀者表示歉意，并且在這新的一版中做了比較認眞的修改和适当的增减。

　　本書的出版和修訂，得益于仁德大學的李靜熹教授的翻譯和BookKorea出版社的負責人李　先生關照。李靜熹教授爲本書的出版和這次的修訂做了大量具体細致的工作，李先生對本書一直非常關心和支持。在此，表示由衷的感謝！

　　由于時間緊，書中可能存在着不足，歡迎讀者和同仁提出宝貴意見。

吳穎 2008年2月
于上海師范大學 對外漢語學院

:: 저자의 말

이미 중국과 한국에서 출판된 여러 HSK 교재들을 자세히 살펴보면 어휘나 어법 내용면에서 모두 난이도를 구분하지 않았음을 알 수 있다. 필자의 다년간 전문적인 HSK 과정 교학 경험으로 비추어볼 때, 중국어 수준이 높지 않고 HSK 시험을 처음 접해본 학생들이 이런 교재를 사용할 경우 적잖은 문제점이 있음을 발견하였다.

우선, 학습하지 않은 어휘량과 한자가 지나치게 많아 여러 유형의 문제를 풀 때 어려움이 따르며 시험에 대한 공포감을 조성한다.

둘째, 어법포인트 등급을 나누지 않아 어법사항을 체계적으로 학습하는데 불리하다.

셋째, 점진적으로 각 항목의 문제에 답하는 기교를 터득할 수 없고 응시 능력을 향상시키기 어렵다.

본 교재는 과거에 출판된 각종 HSK교재와는 달리 "초·중등 한어수평고시(HSK)"에 처음 응시하는 학생들이 사용하도록 만든 전문적인 지도훈련교재이다. HSK초·중등 시험은 8개 급수로 나누어져 있고 시험 성적이 높을수록 등급도 높아진다. 초·중등 HSK에 응시하는 모든 응시생들은 반드시 단계적으로 심화학습을 거쳐야지만 기초가 탄탄해질 뿐 아니라 문제를 푸는 자신감도 생기게 된다. 그러므로 초기에는 과도한 어휘량과 한자, 복잡한 어법내용으로 학생들을 어렵게 하지 말고, 점차 HSK 시험 유형과 문제에 답하는 사고·방법·기술에 익숙해지도록 해야 한다.

이런 상황을 고려하여 필자는 한국학생의 학습특징에 맞춘 〈HSK 초·중등 유형별 연습-6급넘기기〉교재를 편찬하였다.

본 교재의 특징과 사용방법은 다음과 같다.

1. 본 교재는 중국어를 반년 정도 배웠거나 HSK 공부를 처음 시작하는 학생들이 HSK 6급 통과를 목표로 학습하는 시험 준비교재이다.

2. 본 교재는 원어민 강사와 한국인 강사가 HSK 수업 교재나 보충자료로 활용할 수 있도록 중국어와 한국어로 해설을 달았다.

3. 어휘는 HSK 시험요강의 갑급과 을급 어휘범위를 벗어나지 않도록 하여 HSK 초중등 시험을 준비하는 학생들의 수준에 맞게 구성하였다.

4. 어법은 HSK 시험요강의 갑급과 을급 어법내용에 따라 문제를 출제하였고, 어법의 각 유형별 문제를 난이도 수준에 따라 점차 심화시켰다.

5. 모든 문제의 유형은 실제 시험 문제와 유사하게 만들었고 **한국학생들이 가장 자주 틀리는 문제들**을 중심으로 문제 푸는 방법과 기술을 자세히 해설해 놓았다.

마지막으로, 본 교재는 다년간 필자의 교학경험과 연구에서 나온 성과물로서 한국 학생들을 가르치고 실행해보며 효과가 좋았던 내용들을 담았다. 많은 학생들이 이 책으로 훈련을 거친 후 수준이 현저하게 높아졌으며, 무엇보다도 큰 수확은 HSK에 대한 두려움을 극복했고, 점차 쉬운 내용에서 어려운 내용으로 심화하면서 순차적으로 학습한다는 것이다. 본 교재를 번역한 이정희 교수 역시 한국 내 대학에서 HSK를 가르치고 있어 여러분들이 책의 내용을 좀 더 쉽게 이해할 수 있도록 도움을 주리라고 생각한다.

:: 前 言

　　我們曾經仔細地研究和考察了以往在中國和韓國出版的各种HSK指導書，發現目前的HSK无論是詞匯還是語法点大多數是不分等級的，根据筆者多年專門教授和研究HSK課程的經驗和体會，發現對于漢語水平不高，初次接触HSK考試的學生來說，使用這樣的HSK書存在一些問題：
首先，沒有學習過的詞匯量和漢字過多，做各种題型的時候有困難，從而造成畏懼心理。
第二，語法点不分等級，不利于系統地學習語法項目。
第三，不能循序漸進地學習和掌握各項目的答題技巧和提高應試能力。

　　与過去出版的各种HSK指導用書不同，本書是專供初次接触初中等"漢語水平考試"(卽HSK)應試者所使用的指導訓練習教材。目前的HSK 初中等考試分成8級，考試成績越高所獲得的等級就越高。參加初中等HSK的所有的考生所使用的是一份試卷。但是從學習和訓練的角度來看，應該是循序漸進、由淺入深地學習的。這樣可以不僅能够使得學生基础扎實，也可以增强做題的信心。在初期不被過多的生詞、漢字和夏雜的語法点所困扰，一步步地熟悉HSK的各种題型和答題的思路、方法和技巧。
根据以上的情況，我們編寫了這本針對韓國學生學習特点的《HSK(初中等)分項練習巧過6級。

　本書的特点和使用方法：
1. 本書的适用者爲學習過半年漢語初次學習HSK的韓國學生，經過學習和訓練，可以參加考試并順利通過HSK初中等6級，如果掌握地好的話可以達到7級的水平。
　　同時本書也是HSK輔導教師的好帮手。可用作HSK(初中等)考試輔導班和特講課的教學材料。

2. 本書的編寫的詞匯、漢字依据是：詞匯和漢字部分盡量控制在《中國漢語水平考試大綱(初中等)》中的甲級(詞匯1033个、漢字800个)和乙級(詞匯2018个、漢字804个)。

3. 語法部分是按照《中國漢語水平考試大綱(初中等)》的語法点設計題目的，主要的語法項目都能講解練習到，可以帮助考生系統、扎實地掌握初級階段的各个語法項目。語法点主要是在甲級(129項)和乙級(123項)以內。

   听力理解、閱讀理解部分有少量的超綱詞匯，目的是爲了鍛煉和培養學生跨越生詞障碍的能力。

4. 在体例編排上本書与其他多數在韓國出版的HSK指導不同，不僅僅是一兩套模擬題，而是以分項訓練、由淺入深、逐步提高爲目的的。這樣編寫對于作者來說是比較麻煩的，但是對于使用者來說是方便和有效的。

5. 每道練習題的題型都是和眞實考題的題型相類似，以便考生熟練掌握各种考題。其中不少題型都是韓國學生最容易出錯的典型問題，　重要的題目配有解題方法和技巧講解，并且有相應的韓語翻譯和說明。

　　總之，本書是筆者多年從事HSK方面教學和研究的成果，在對韓國學生的HSK教學中也進行了大量的實踐，收到了很好的效果。有不少學生在接受了這本書的訓練后，水平明顯提高，最大收獲是克服了HSK的害怕心理。由淺入深、按部就班地學習。本書所聘請的翻譯是語言學博士李静熹教授，也在韓國大學教授HSK課程，确保本書的翻譯的質量能到達很高的專業水平。

:: 차 례

:: HSK 알아두기

1. HSK란?

중국한어수평고시(HSK)는 제1언어가 중국어가 아닌 사람의 중국어 능력을 평가하기 위해 만들어진 국가급 표준화고시로, 세계 27개국가 100여 개 고시지역이 있다. 초·중등HSK는 영어의 TOEFL, 고등HSK는 GRE 수준에 해당하는 시험이다. HSK는 초·중등(3~8급), 고등(9~11급), 기초(1~3급) 3종류로 구분하여 각각 실시된다. HSK는 중국국가한어수평고시위원회가 출제·채점 및 증서발급을 책임지며, 고시합격자에게는 성적표와 해당〈한어수평증서〉를 발급한다.

특히 초·중등HSK는 초등 혹은 중등의 중국어 능력을 가지고 있으며, 400~2000시간의 현대중국어 교육을 학습한 것과 같으며, 2000~5000개의 중국어 상용어휘와 이에 상응하는 어법지식을 파악하고 있는 사람이 응시하기에 적합한 시험이다. 시험 성적에 따라 초등은 3~5급, 중등은 6~8급으로 구분된다.

2. 초·중등 〈한어수평증서〉의 용도

* 중국 문과대, 상경대 입학 기준
* 한국 대학 입학, 졸업시 평가 기준
* 교양중국어 학력평가 기준
* 각급 기업 및 기관에서 직원의 채용·승진을 위한 기준
* 중국정부장학생 선발 기준
※ 초중등 HSK성적 유효기간은 2년이다.

3. 시험구성 및 시간

과목은 듣기(听力), 문법(语法), 독해(阅读), 빈칸채우기(综合填空)로 총 시험시간은 145분이다.

과 목	문항수	시 간
听力理解	50	약 35분
语法结构	30	20분
阅读理解	50	60분
综合填空	40	30분
합 계	170 문항	145분

4. 등급분류 및 점수표

등급	등 급 점 수 범 위			
	听 力	语 法	阅 读	综 合
최저	29~37	28~36	30~38	28~36
3	38~46	37~45	39~47	37~45
4	47~55	46~54	48~56	46~54
5	56~64	55~63	57~65	55~63
6	65~73	64~72	66~74	64~72
7	74~82	73~81	75~83	73~81
8	83~100	82~100	84~100	82~100

등급일람표

증서 등급		등 급 점 수	등 급 점 수 범 위
수 준	급 수		
초등증서	C	3 급	152 ~ 188(점)
	B	4 급	189 ~ 225(점)
	A	5 급	226 ~ 262(점)
중등증서	C	6 급	263 ~ 299(점)
	B	7 급	300 ~ 336(점)
	A	8 급	337 ~ 400(점)

5. 초 · 중등 〈漢語水平證書〉 취득 조건

총점이 반드시 상응하는 최저등급점수에 이르러야 하며, 4항목 중 3항목의 점수가 반드시 상응 등급의 최저점수에 이르러야 하고, 1항목 점수가 상응등급의 최저점수보다 낮은 것은 허용되지만, 그 폭이 한 급수를 넘어서는 안되며, 만일 한 급수를 초과할 경우, 한 등급 아래의 증서를 받는다.

초등C급 (초등3급)   초급(低) 중국어 능력을 가지고 있으며, 초등C급〈한어수평증서〉를 받는다. 이는 중국국가 교육부 규정한 외국유학생의 중국 자연계열(이공과, 농과등) 대학에 입학할 수 있는 최저 기준이 된다.

초등B급 (초등4급)   초급(中) 중국어 능력을 가지고 있으며, 초등B급〈한어수평증서〉를 받는다.

초등A급 (초등5급)   초급(高) 중국어 능력을 가지고 있으며, 초등A급〈한어수평증서〉를 받는다.

중등C급 (중등6급)   중급(低) 중국어 능력을 가지고 있으며, 중등C급〈한어수평증서〉를 받는다. 이는 중국국가교육부가 규정한 외국유학생의 중국 인문계열의(문과 등) 대학에 입학할 수 있는 최저 기준이 된다.

중등B급 (중등7급)   중급(中) 중국어능력을 가지고 있으며, 중등B급〈한어수평증서〉를 취득하는 기준이다.

중등A급 (중등8급)   중급(高) 중국어능력을 가지고 있으며, 중등A급〈한어수평증서〉를 취득하는 기준이다.

一．听力理解

第一部分

说明　1-15题，这部分试题，都是第一个人说一句话，第二个人根据这句话提一个问题，听完后请在四个选择项中选择最恰当的答案。

例如：[样题] 第8题，你听到：

第一个人说：面条，面条，天天都吃面条，能不能吃点别的？

第二个人问：说话人的语气是：

A. 不满

B. 高兴

C. 害怕

D. 担心

第8题　唯一恰当的答案是A。你应该在答卷上找到号码，并在字母A上划一横道。横道一定要划得粗一些，重一些。

8. [■■■]　[B]　[C]　[D]

1　A. 今天　　　　　　　　　　　　B. 明天

C. 下午　　　　　　　　　　　　D. 白天

2　A. 一月到七月　　　　　　　　　B. 一月

C. 七月　　　　　　　　　　　　D. 二月

3　A. 两本　　　　　　　　　　　　B. 三本

C. 四本　　　　　　　　　　　　D. 五本

4　A. 不好　　　　　　　　　　　　B. 很好

C. 不太好　　　　　　　　　　　D. 很不好

5 A. 五月三日　　　　　　　　B. 五月二日
　　C. 五月四日　　　　　　　　D. 五月十日

6 A. 八点半　　　　　　　　　B. 八点一刻
　　C. 八点四十五分　　　　　　D. 八点

7 A. 奶奶　　　　　　　　　　B. 叔叔
　　C. 好朋友　　　　　　　　　D. 姑姑

8 A. 暑假他看过一场电影　　　B. 暑假他没看电影
　　C. 暑假他看了很多电影　　　D. 暑假他每天看一场电影

9 A. 花店　　　　　　　　　　B. 咖啡店
　　C. 水果店　　　　　　　　　D. 文具店

10 A. 公共汽车上　　　　　　　B. 出租车上
　　C. 火车上　　　　　　　　　D. 船上

11 A. 昨天比今天热　　　　　　B. 今天比昨天热
　　C. 昨天和今天差不多　　　　D. 今天和昨天都很热

12 A. 没有参加考试　　　　　　B. 参加了考试
　　C. 准备参加考试　　　　　　D. 不准备参加考试

13 A. 很远　　　　　　　　　　B. 很近
　　C. 比较远　　　　　　　　　D. 不太近

14 A. 想去中国旅游　　　　　　B. 找工作
　　C. 喜欢中国文化　　　　　　D. 和别人一样

15 A. 她家里没有人   B. 她家电话
    C. 她家人接了电话   D. 她不喜欢接电话

16 A. 家里   B. 超市
    C. 市场   D. 餐厅

17 A. 很容易   B. 很难
    C. 我不会做   D. 小学生会做

18 A. 老师   B. 朋友
    C. 大夫   D. 爸爸

19 A. 你不应该来   B. 你来得太晚了
    C. 现在几点钟   D. 你是怎么来的

20 A. 不知道   B. 知道
    C. 想听天气预报   D. 想知道

21 A. 不错   B. 不好
    C. 还可以   D. 很好

22 A. 颜色很好   B. 颜色不太好
    C. 很合适   D. 太贵了

23 A. 买火车票   B. 买衣服
    C. 买鞋子   D. 买电影票

24 A. 秋天   B. 夏天
    C. 春天   D. 冬天

25	A. 售票处	B. 宾馆
	C. 餐厅	D. 家里

26	A. 他不来了	B. 他一定来
	C. 我不知道他来不来	D. 他想知道他不来

27	A. 学习花很多时间	B. 应该多花时间学习
	C. 学习很努力	D. 应该考好

28	A. 别的人都能考上大学	B. 张玲能考上北大
	C. 张玲考不上北大	D. 张玲要考北大

29	A. 苏州	B. 杭州
	C. 周庄	D. 哪儿都没去

30	A. 天气很好，可以看书	B. 天气很好，不应该看书
	C. 天气很好，应该看书	D. 天气很好，看不看书都没关系

31	A. 很少	B. 很多
	C. 不多也不少	D. 不知道

32	A. 吃惊	B. 担心
	C. 高兴	D. 生气

33	A. 抱怨	B. 吃惊
	C. 高兴	D. 赞同

34	A. 不会跳舞	B. 很会唱歌
	C. 不会唱歌	D. 很会跳舞

35   A. 经理   B. 学生
      C. 老师   D. 职员

36   A. 吃饭   B. 喝酒
      C. 喝茶   D. 吃药

37   A. 看电影   B. 复习考试
      C. 睡觉   D. 开车

38   A. 今天的天气很好   B. 今天的天气不好
      C. 昨天的天气不好   D. 今天的天气像昨天的

39   A. 晴天   B. 阴天
      C. 下雨   D. 不知道

40   A. 你要买什么   B. 那家商店东西很多
      C. 那家商店有什么   D. 那家商店东西不多

41   A. 在考试   B. 在学习
      C. 在吃饭   D. 在做家务

第二部分

说明 这部分试题，都是两个人的简短对话，第三个人根据对话提出一个问题，听完后请在试卷上的四个选项中选择最恰当的答案。

例如：[样题]

我觉得这件衣服的颜色有点深，对你不合适。

问：从这句话中我们知道这件衣服什么？

A. 颜色很好

B. 颜色不太好

C. 很合适

D. 太贵了

这道题唯一恰当的答案是B。

1　　A. 很贵　　　　　　　　　　B. 不算贵

　　　C. 不太贵　　　　　　　　　D. 比较贵

2　　A. 照相　　　　　　　　　　B. 讲个笑话

　　　C. 看他笑笑　　　　　　　　D. 让他看镜头

3　　A. 好几年了　　　　　　　　B. 三年

　　　C. 两个多月　　　　　　　　D. 三个多月

4　　A. 夏天　　　　　　　　　　B. 冬天

　　　C. 秋天　　　　　　　　　　D. 春天

5　　A. 太小了　　　　　　　　　B. 不太大

　　　C. 不舒服　　　　　　　　　D. 比较远

6　　A. 啤酒　　　　　　　　　　B. 咖啡

　　　C. 都可以　　　　　　　　　D. 雪碧

7   A. 邮局   B. 饭店
        C. 医院   D. 商店

8   A. 不能说   B. 不一定
        C. 不可能   D. 以后说

9   A. 300元   B. 200元
        C. 270元   D. 800元

10   A. 别的肉   B. 鸡肉
        C. 猪肉   D. 都不喜欢

11   A. 买电脑   B. 买桌子
        C. 布置房间   D. 找床

12   A. 去医院   B. 去旅游
        C. 回家   D. 打工

13   A. 他明年还在上海   B. 他明年去天津
        C. 他还没决定   D. 他喜欢说笑话

14   A. 四门   B. 五门
        C. 两门   D. 七门

15   A. 电视节目   B. 天气情况
        C. 明天的安排   D. 爬山

16   A. 七点   B. 六点三刻
        C. 六点半   D. 七点半

17 A. 很有意思   B. 没有意思
    C. 谈谈几个问题   D. 谈了很多问题

18 A. 他也不清楚比赛的时间   B. 他喜欢看排球比赛
    C. 他常常看电视报   D. 他不看排球比赛

19 A. 很喜欢   B. 不太喜欢
    C. 比较喜欢   D. 说不清楚

20 A. 我一定会来   B. 我不会来
    C. 天气怎么会这么冷   D. 我不想来

21 A. 真的病了   B. 不知道
    C. 不能肯定   D. 可能病了

22 A. 春季   B. 夏季
    C. 秋季   D. 冬季

23 A. 不容易   B. 不可能
    C. 没意思   D. 身体要坏的

24 A. 很远   B. 远
    C. 有点远   D. 不远

25 A. 飞机场   B. 汽车站
    C. 火车站   D. 地铁站

26 A. 非洲   B. 承德
    C. 顺德   D. 周庄

27　A. 在剧场看节目　　　　　　　B. 在音乐厅听音乐
　　C. 在电影院看电影　　　　　　D. 在家看电视

28　A. 上下班时　　　　　　　　　B. 上午
　　C. 中午和下午　　　　　　　　D. 晚上

29　A. 北京　　　　　　　　　　　B. 天津
　　C. 杭州　　　　　　　　　　　D. 都去

30　A. 不一定回家　　　　　　　　B. 不经常回家
　　C. 常常回家　　　　　　　　　D. 不能回家

31　A. 担心　　　　　　　　　　　B. 不满意
　　C. 怀疑　　　　　　　　　　　D. 高兴

32　A. 大夫　　　　　　　　　　　B. 顾客
　　C. 朋友　　　　　　　　　　　D. 爸爸

33　A. 来得太晚　　　　　　　　　B. 来得太早
　　C. 来得正好　　　　　　　　　D. 来晚了一点

34　A. 羽毛球　　　　　　　　　　B. 篮球
　　C. 足球　　　　　　　　　　　D. 乒乓球

35　A. 不可以去爬山　　　　　　　B. 一定要去爬山
　　C. 一定要做作业　　　　　　　D. 不愿意做作业

36　A. 2号　　　　　　　　　　　 B. 3号
　　C. 7号　　　　　　　　　　　 D. 10号

37　A. 她要准备考试　　　　　　B. 她觉得电影不好

　　　C. 她不参加考试　　　　　　D. 她不喜欢看电影

38　A. 同意　　　　　　　　　　B. 原谅

　　　C. 反对　　　　　　　　　　D. 同情

39　A. 她的同屋是谁　　　　　　B. 她喜欢谁

　　　C. 她的同屋不好　　　　　　D. 她应该喜欢同屋

40　A. 让女的决定　　　　　　　B. 想听女的声音

　　　C. 听了以后才知道　　　　　D. 想吃别的东西

41　A. 一个　　　　　　　　　　B. 两个

　　　C. 三个　　　　　　　　　　D. 四个

42　A. 不热　　　　　　　　　　B. 比较热

　　　C. 很热　　　　　　　　　　D. 不凉快

43　A. 问问谁知道　　　　　　　B. 他没有手机

　　　C. 给他打手机　　　　　　　D. 去找手机

44　A. 长相　　　　　　　　　　B. 灯光

　　　C. 爱好　　　　　　　　　　D. 照片

第三部分

> **说明**　这部分试题，是几段较长的对话或讲话。每段话之后，第二个人或第三个人根据对话或讲话提若干个问题，每听完一个问题，请在四个选项中选择最恰当的答案。

1　　A. 做练习　　　　　　　　B. 听录音
　　　　C. HSK考试　　　　　　D. 接电话

2　　A. 李小明　　　　　　　　B. 韩中英的同屋
　　　　C. 韩中英　　　　　　　　D. 李小明的同屋

3　　A. 电话很忙　　　　　　　B. 电话打不通
　　　　C. 电话打错了　　　　　　D. 我听不懂

4　　A. 病了　　　　　　　　　B. 去踢球了
　　　　C. 不想上课　　　　　　　D. 去看踢球了

5　　A. 喜欢踢球　　　　　　　B. 生病了不休息
　　　　C. 说假话　　　　　　　　D. 太听话了

6　　A. 能力　　　　　　　　　B. 脾气
　　　　C. 长相　　　　　　　　　D. 爱好

7　　A. 烧旧报纸　　　　　　　B. 烧旧杂志
　　　　C. 放鞭炮　　　　　　　　D. 烧柴火

8　　A. 不好　　　　　　　　　B. 很差
　　　　C. 一般　　　　　　　　　D. 很好

9   A. 汉城   B. 北京

      C. 香港   D. 上海

10   A. 汉城的山   B. 汉城的天气

      C. 韩国菜   D. 学习韩语

11   A. 老师   B. 学生

      C. 厨师   D. 运动员

12   A. 说得很好   B. 会说一点

      C. 说得不好   D. 不会说

13   A. 很丰富   B. 没意思

      C. 开始喜欢了   D. 没办法

14   A. 很努力的中学生   B. 很出色的男人

      C. 不努力的中学生   D. 很努力的男人

15   A. 6点   B. 6点20分

      C. 7点20分   D. 7点30分

16   A. 去什么地方   B. 打球

      C. 做作业   D. 打游戏

17   A. 听英语   B. 做作业

      C. 预习   D. 看书

18   A. 人口很多   B. 地铁不多

      C. 坐车比较容易   D. 交通比首都方便

19   A. 比大城市的少   B. 比大城市的多

         C. 和大城市的差不多   D. 什么东西都买不到

20   A. 80辆   B. 100辆

         C. 120辆   D. 2辆

21   A. 日本的车比较小   B. 日本的车比较少

         C. 日本人很会停车   D. 美国人随便停车

22   A. 美国人   B. 德国人

         C. 法国人   D. 日本人

23   A. 火车   B. 飞机

         C. 轮船   D. 长途汽车

24   A. 没坐过火车   B. 坐火车便宜

         C. 欣赏路上的风景   D. 火车有卧铺

25   A. 23日下午   B. 23日晚上

         C. 24日下午   D. 24日晚上

26   A. 速度更快   B. 到达北京比较早

         C. 有下铺   D. 是新空调列车

27   A. 老师   B. 大学生

         C. 高中生   D. 初中生

28   A. 汪累   B. 万来

         C. 王瑞   D. 黄瑞

29 A. 进教室的时候   B. 下课以后
    C. 老师回过头写黑板的时候   D. 早上上学以前

30 A. 妈妈送来的   B. 小卖部买来的
    C. 从家里带的   D. 超市买的

31 A. 春天   B. 夏天
    C. 秋天   D. 冬天

32 A. 秋天不美   B. 秋天比较冷
    C. 秋天常常下雨   D. 秋天过后就是冬天

33 A. 不太好   B. 树叶黄了
    C. 很美也很舒服   D. 有时冷有时热

34 A. 工商局科长   B. 工商处处长
    C. 工商局局长   D. 工商局职员

35 A. 1000元   B. 1000元以上
    C. 1000元以下   D. 1500元

36 A. 不会做生意   B. 在偷东西
    C. 在检验白酒   D. 在卖白酒

37 A. 早餐应该吃什么   B. 怎样做好的早餐
    C. 早餐的质量很重要   D. 中学生吃早餐的情况

38 A. 24%   B. 40%
    C. 60%   D. 50%

39   A. 早饭不好吃   B. 学校没有早饭

        C. 早上没有时间   D. 早上不饿

40   A. 春天   B. 夏天

        C. 秋天   D. 冬天

41   A. 3级   B. 4级

        C. 5级   D. 9级

42   A. 阴有小雪   B. 阴到多云

        C. 晴天   D. 下雨

43   A. 拉琴赚钱   B. 提高小提琴技术

        C. 得到大学文凭   D. 找一个好工作

44   A. 他想去赚钱更多的地方   B. 他想进大学学习

        C. 他想去找拉琴技术高的同学   D. 他和黑人琴手有矛盾了

45   A. 知道他在一个有名的音乐厅前拉琴

        B. 知道他是一位有名的音乐家

        C. 不知道他是一位有名的音乐家

        D. 不知道他现在还拉小提琴

46   A. 花篮   B. 花瓶

        C. 照相机   D. 景泰蓝

47   A. 照相机   B. 钱

        C. 钱包   D. 篮子

48　A. 看见他的影子　　　　　　　B. 看见他的背影
　　C. 看见他已经走远了　　　　　D. 没看见他

49　A. 可以看电视　　　　　　　　B. 可以打游戏
　　C. 想学会开电脑　　　　　　　D. 想学关电脑

50　A. 都知道了　　　　　　　　　B. 知道很多
　　C. 只知道一半　　　　　　　　D. 知道得很少

51　A. 外出旅游　　　　　　　　　B. 走亲访友
　　C. 逛街购物　　　　　　　　　D. 在家休息

52　A. 太疲劳　　　　　　　　　　B. 太放松
　　C. 不愉快　　　　　　　　　　D. 效率太高

53　A. 穿好衣服　　　　　　　　　B. 吃饱饭
　　C. 做个健康的人　　　　　　　D. 做个现代的人

二．语法结构

第一部分

说明　第一项试题由两部分组成： 第一部分(10题)：这部分试题，每题是一个不完整的句子，在每一个句子下面都有一个 指定词语"，句中A Ｂ Ｃ D是供选择的四个不同位置，要求考生判断上述 指定词语"放在句中哪个位置上最恰当。

1　我晚上六点A要B在乐天百货大楼门口C和几位中国朋友D。

　　见面

2　A请你下午把那B本书带来C给D看看。

　　我

3　他好象已经A从上海B出差C了D。

　　回来

4　我不像A 小金那么B 运动，C只是有时候散散步D。

　　爱

5　A这么B可爱的孩子C都喜欢D。

　　人人

6　A台湾组合F4的演唱会B很红啊，C都坐满了人D。

　　场场

7　A他们B都喜欢C吃D中国菜。

　　个个

8 这A孩子有一对B眼睛，C很漂亮D。

       大大的

9 A有B的学生C没有参加这次旅游D。

        三分之一

10 他还A一米六五B呢，C个子D太矮了。

       不到

11 A我们学校的绿化搞得很好，B种了200C棵D树。

       来

12 这次A大会的规模很大，B一共有1000C位D代表参加了会议。

       来

13 她A看起来B很年轻，也就C30岁D。

       上下

14 你先在这里休息A休息，等我B回来，咱们C就D上医院去。

       一

15 自从学习汉语A，B我就很注意多跟中国人C打交道D。

       以来

16 看样子A是B等不到他了，我C一个人回去了D。

       只好

17　由于A天气不好，B我们C把出发的时间推迟一个小时D。

　　　　不得不

18　天A冷了，你B要多C穿D衣服。

　　　　一点儿

19　这里A东西B不太贵，C是蔬菜和水果D。

　　　　尤其

20　一A下课，大家就B向食堂C跑去D了。

　　　　立刻

21　昨天我回家A很晚，B两点以后我C睡觉D。

　　　　才

22　没想到A　他B　会C　做出D　这么令人生气的事。

　　　　竟然

23　我同屋A　每天早上B　比我C　晚起D　一个多小时。

　　　　都

24　A看来B你C是一个D　努力的学生。

　　　　真

25　A　我的钥匙找不到了B　，C　原来D　在你这里啊。

　　　　怪不得

26　　昨天他A 告诉B 我同意C 去，今天怎么D 一下子改变想法了呢？

　　　　　　　　　　　明明

27　　这篇课文虽然A不长，B可是C生词D不少。

　　　　　　　　　　　却

28　　外面下着A大雨，小朴B来不了了，C不要等他了D。

　　　　　　　　　　　恐怕

29　　A这件事已经B过去很多年了，C金明诚也D忘记了。

　　　　　　　　　　　渐渐

30　　A他学习B汉语C三年D 了。

　　　　　　　　　　　　　已经

31　　这个孩子A 真不听话，妈妈B 让他C 做作业，他D 要出去玩。

　　　　　　　　　　　偏

32　　丢失图书馆A 的图书B 按C 原价D 赔偿。

　　　　　　　　　　　一律

33　　A我觉得B这件衣服C很不合适D。

　　　　　　　　　　　的确

34　　我们好几年没见了，这次A 见面，B 她C那么D年轻。

　　　　　　　　　　　仍然

35　　A这双鞋B大了点儿，C有小一点儿的D吗？

　　　　　　稍微

36　　1.76的个子A都B有180斤了，C是D胖了点。

　　　　　　稍

37　　A像这样的工作B多长时间C能完成呢D？

　　　　　　到底

38　　A我B没有想到C会在这个小地方D遇到我十年前的老同学。

　　　　　　从来

39　　A我男朋友B不爱看爱情电影，C最喜欢武打电影D。

　　　　　　从来

40　　A我先出来的，B小李也慢慢地C从屋子里走了出来D。

　　　　　　接着

41　　看了A这本书的说明B，我C就明白D了。

　　　　　　一下子

42　　A她每天B下班回家的路上C总是D买点牛奶、面包什么的。

　　　　　　顺便

43　　A从我家到学校B坐公共汽车C要半个小时D。

　　　　　　大概

44 这所学校A有三分之一的B学生C是D住校的。

大约

45 虽然小金到中国的时间不长，可他A说B得C比较流利D了。

汉语

46 A这种B新手机的使用C方法D一般手机差不多。

和

47 这是爸爸A从中国买B给他二十岁C生日D礼物。

的

48 你小点声说A话B，别C把刚睡着的孩子吵醒D。

了

49 昨天他给A我打B一个电话，让C我明天一大早去D他家。

了

50 我打算A下B课就去C图书馆D。

了

51 我们请A他来B我们的学校作C两次报告D。

过

52 从毕业A以后B，我再也没有见C他D。

过

53   她的桌子上放A一盆她的学生送B给C她的花D。

着

54   教室的墙A上挂B他们C全家人的照片。

着

55   A我们从星期一B星期五C都有课，D周末不上课。

到

56   A我们一下B课C去食堂D吃饭。

就

57   A听说他B没有C换工作，D在原来的公司上班。

仍然

58   A今天太晚了，B外面又下了雨，C他决定D明天再回去。

因此

59   A我B本想 C去，D下大雨了。

可

60   不要说A 现代汉语，B 就C 古代汉语D 我也看得懂。

连

61   A 我的电脑坏了，你B 让C小王D 我修一下好吗？

替

62　A这些东西B请你C我拿回宿舍去，D放在这里麻烦。

　　　　　　　替

63　张老师A 就B 走C 我们D 前边，你没看见吗？

　　　　　　　在

64　A天快黑了，B下山的路看不清楚了，我紧紧C 跟D 男朋友的身后。

　　　　　　　在

65　A这次失恋真的B她C伤心了D很长时间。

　　　　　　　让

66　A这部电影还B我C明白了D很多做人的道理。

　　　　　　　使

67　A妈妈不在家的时候B孩子C他奶奶D照顾。

　　　　　　　由

68　在这三年A 中，他先后去过北京、西安、上海和广州B 十多C 个城市D。

　　　　　　　等

69　我刚买的这块新手表A已经B弄C坏了D。

　　　　　　　被他

70　真倒霉，我A 又B 被C 那个卖水果的小贩D 骗了。

　　　　　　　给

71   他送A 来B 的大花碗都C 我D 打碎了。

　　　　　　　　　　　　给

72   A 听说这次展销会上B 抽样C 检查的商品中，有一多半D 存在质量问题。

　　　　　　　　　　　　被

73   他A 确诊为癌症，B 需要C 立即D 手术。

　　　　　　　　　　　　被

74   他A1966年B生C浙江省D一个边远的小渔村。

　　　　　　　　　　　　于

75   听说A你们B班的小李C歌唱D棒极了，是真的吗？

　　　　　　　　　　　　得

76   我们这里会修A电脑B就他C一个人D。

　　　　　　　　　　　　的

77   哎呀，我忘了带钱包了，我A马上B回C宿舍D拿。

　　　　　　　　　　　　去

78   A 你B 这C白色D 毛衣的颜色怎么晒坏了？

　　　　　　　　　　　　件

79   她是A学校今年B 评出的C 毕业D生。

　　　　　　　　　　　　优秀的

80 这是我A朋友从中国带给我B中国C传统D服装。

的

81 这种A羊毛B大衣正是我C妈妈喜欢D那种。

的

82 我看他也买了A 不少B 华语C 出版的D 书。

关于HSK的

83 我A 昨天B 买的那本C 中韩D 词典怎么找不着了？

新的

84 我们A 这里B 的图书仪器你都C 可以使用D。

所有

85 A这个工作B我累坏了，C在家里D休息了好几天。

把

86 A你B千万C不能D忘掉。

把这样重要的事

87 你A把这些旧书B卖掉，C放在这里D占地方。

得

88 都夜里A12点半了，我B还C把作业D做完呢。

没

89 糟糕，A我B又C钱包D忘在图书馆了。

把

90 你A一个暑假B把这么长的文章C都翻译D完吗？

能

91 好吧，A我以后抽B时间C补课D吧。

给你

92 小张A回到学校，B把这件事C作了汇报D。

向校长

93 突然敌人 A走B出来，C向正在开会的地方走去D。

从森林里

94 我A深深地B所C感动D，和大家一样淌下了眼泪。

被老师的话

95 你出的这个谜语A 已经B猜着C了D。

被他

96 现在A 请你B 介绍C一下展览情况D 吧。

给大家

97 A请B向你父母C问好D。

替我

98　A　从这么高B　的地方C跳D很危险。

　　　　　　　　往下

99　我早就觉得，张明A学习B王强C努力D。

　　　　　　　　没有

100　一般中小城市的交通A大城市B那么C拥挤D。

　　　　　　　　没

101　去年夏天，A　北方非常热，B　好象C　大火炉D　搬到了北国。

　　　　　　　　从南方

102　A　我一直B　梦想能C　出版　一本小说D。

　　　　　　　　在今年

103　昨天A　我遇到B　了C　你女朋友D。

　　　　　　　　在商店里

104　A刚开始做HSK的试题B困难，但是只要C坚持就D能进步。

　　　　　　　　是

105　A她说了像这样的B事情以后C不会D再发生的。

　　　　　　　　是

106　A排练B汉语话剧C会遇到困难的，但是我们D不怕。

　　　　　　　　是

107   这种A做法B我C是不同意D。

                                   的

108   妈妈A说B你在外面C千万要D注意身体啊！

                                   可

109   A我刚来中国时，B一句汉语C听不懂D。

                                   也

110   我以前A连一次B也C没去过D。

                                  上海

111   我妈妈A让我B学英语专业C不可D，可我想学汉语。

                                  非

第二部分

说明　第二部分：这部分试题，每一个句子中有一个或两个空儿，要求考生在下边的四个选择项中挑选一个最恰当的填空(平均答题时间是40秒左右)：

주: *표시가 있는 문제는 책 뒷편에 해설을 추가하였다.

1　　学校附近新修了一＿＿＿＿＿公路和一＿＿＿＿＿桥。

A. 条、座　　　　　　　　　　　　B. 家、道

C. 道、座　　　　　　　　　　　　D. 条、家

2　　报纸上这 ＿＿＿＿＿关于海湾战争的新闻你看到了吗？

A. 种　　　　　　　　　　　　　　B. 条

C. 项　　　　　　　　　　　　　　D. 份

3　　这是我第一＿＿＿＿＿看中国电影。

A. 趟　　　　　　　　　　　　　　B. 遍

C. 次　　　　　　　　　　　　　　D. 场

4　　*根据统计，我市各类学校已有7895＿＿＿＿＿。

A. 家　　　　　　　　　　　　　　B. 户

C. 座　　　　　　　　　　　　　　D. 所

5　　我误了460次火车，请问下一 ＿＿＿＿＿ 去上海的火车几点开？

A. 节　　　　　　　　　　　　　　B. 回

C. 场　　　　　　　　　　　　　　D. 趟

6　　这＿＿＿＿ 文章写得很精彩，我看过好几 ＿＿＿＿＿了，你呢？

A. 遍、篇　　　　　　　　　　　　B. 个、边

C. 篇、遍　　　　　　　　　　　　D. 本、次

7　　*她是我们上 _____运动会上1500米的长跑冠军呢。

　　A. 届　　　　　　　　　　B. 项

　　C. 家　　　　　　　　　　D. 所

8　　*有的人到了周末只吃两_____ 饭。

　　A. 回　　　　　　　　　　B. 个

　　C. 顿　　　　　　　　　　D. 份

9　　*在这一大把花里面我最喜欢这 _____白玫瑰了。

　　A. 颗　　　　　　　　　　B. 朵

　　C. 粒　　　　　　　　　　D. 块

10　　看样子这 _____老槐树已经活不了了。

　　A. 棵　　　　　　　　　　B. 颗

　　C. 朵　　　　　　　　　　D. 枝

11　　*这是一_____ 开往广州方向去的火车。

　　A. 节　　　　　　　　　　B. 列

　　C. 架　　　　　　　　　　D. 艘

12　　*你也真是的！怎么能用这 _____ 生了锈的刀来切菜呢？

　　A. 把　　　　　　　　　　B. 张

　　C. 条　　　　　　　　　　D. 件

13　　*墙上挂了好几_____中国的山水画，给房间增加了情调。

　　A. 份　　　　　　　　　　B. 幅

　　C. 个　　　　　　　　　　D. 片

14　　你这_____ 眼镜真该换换了，样子太过时了。

　　A. 双　　　　　　　　　　B. 把

C. 副   D. 件

15   *这 ＿＿＿镜子不太清楚，你得擦一擦了。

     A. 张   B. 片

     C. 幅   D. 面

16   *他这＿＿＿＿＿＿＿可恶的乌鸦嘴啊，什么时候能说出好听的话呢？

     A. 张   B. 口

     C. 句   D. 只

17   *在我们的大院里一共住着三 ＿＿＿＿＿＿＿ 人家。

     A. 户   B. 口

     C. 位   D. 楼

18   *在父母的教育＿＿＿＿＿＿＿ ，他从小就立下了人生目标。

     A. 下   B. 上

     C. 中   D. 里

19   *这位老板看上去很年轻，好象只有30 岁＿＿＿＿＿ 。

     A. 前后   B. 上下

     C. 里外   D. 大约

20   *我去年春天去过韩国的济洲岛，那儿的景色真是 ＿＿＿＿＿＿＿＿＿＿＿ ！

     A. 太美   B. 太美了

     C. 太漂亮   D. 太漂亮极了

21   *我讲得 ＿＿＿＿＿＿＿＿＿＿ ，让你们一定要写汉语名字。

     A. 清清楚楚   B. 很清清楚楚

     C. 清楚清楚   D. 不清清楚楚

22   *连续下了三天的大雪，外面到处_____的。

        A. 很雪白雪白   B. 雪雪白白

        C. 白白雪雪   D. 雪白雪白

23   这条路_____的，一直通到中央公园。

        A. 笔直   B. 笔直笔直

        C. 笔笔直直   D. 笔直直

24   她那可爱的小脸晒得 _____ 的。

        A. 很通红   B. 通通红红

        C. 通红红   D. 通红通红

25   *最近天气冷得 _____ ，要注意加衣服。

        A. 极了   B. 厉害

        C. 比较   D. 非常

26   *听说上海浦东发展快得 _____ ，今后是中国的金融贸易中心。

        A. 厉害   B. 极了

        C. 不得了   D. 非常

27   *我就猜想你会忘记，你 _____ 是忘记带了。

        A. 竟然   B. 突然

        C. 果然   D. 居然

28   别看他已经50岁了，他的儿子才上小学二 _____ 。

        A. 年纪   B. 年级

        C. 年龄   D. 学期

29   *他妻子是 _____ 教育的，当然懂得该如何教育孩子了。

A. 搞   B. 弄

C. 做   D. 工作

30   *我们什么时候_____开学典礼？

A. 发生   B. 举行

C. 进行   D. 举办

31   中国是一个_____十三亿人口的国家。

A. 拥有   B. 具有

C. 占有   D. 富有

32   他们认识了七八年了_____还不结婚呢？

A. 是不是   B. 怎么

C. 行不行   D. 怎么样

33   *看书累了就_____音乐吧。

A. 听听   B. 听了听

C. 听听了   D. 听了

34   *昨天晚上我和他们_____我最近的情况。

A. 谈谈   B. 谈一谈

C. 谈了谈   D. 谈谈了

35   *这么乱的房间还不快_____，要不怎么接待客人？

A. 收收拾拾   B. 收拾收拾

C. 收拾一收拾   D. 收收拾

36　李老师，我有问题想＿＿＿＿＿＿您，可以吗？

A. 请教一请教　　　　　　　　B. 请请教

C. 请教请教　　　　　　　　　D. 请请教教

37　周末的时候，我喜欢＿＿＿＿＿＿，跟朋友聊聊天儿。

A. 上上网　　　　　　　　　　B. 上网上网

C. 上上网网　　　　　　　　　D. 上网一上网

38　上课时间快到了，她＿＿＿＿＿进了教室。

A. 跑得急急忙忙　　　　　　　B. 急忙跑得

C. 急忙急忙跑地　　　　　　　D. 急急忙忙地跑

39　你知道吗？小红＿＿＿＿＿ 三门外语呢。

A. 得　　　　　　　　　　　　B. 能

C. 可以　　　　　　　　　　　D. 会

40　你得自己决定，不＿＿＿＿＿ 听他的话。

A. 会　　　　　　　　　　　　B. 愿意

C. 应该　　　　　　　　　　　D. 就

41　*咱们 ＿＿＿＿＿ 快点走了，不然就要迟到了。

A. 能　　　　　　　　　　　　B. 得

C. 会　　　　　　　　　　　　D. 愿意

42　*从杭州回来她感觉很累，可心里 ＿＿＿＿＿ 十分高兴。

A. 就　　　　　　　　　　　　B. 还

C. 才　　　　　　　　　　　　D. 却

43　　我昨天给你家打电话了，但是没人接，我 ＿＿＿＿＿ 一个人去逛街了。

      A. 只好　　　　　　　　　　　　B. 只要

      C. 而且　　　　　　　　　　　　D. 不然

44　　*乐观的人 ＿＿＿＿＿＿ 都看起来比较年轻。

      A. 往往　　　　　　　　　　　　B. 刚刚

      C. 常常　　　　　　　　　　　　D. 仅仅

45　　*今天实在太晚了，我们明天 ＿＿＿＿＿＿ 去好吗？

      A. 又　　　　　　　　　　　　　B. 才

      C. 更　　　　　　　　　　　　　D. 再

46　　*最近＿＿＿＿＿＿没见到老张，他是不是出远门了？

      A. 老　　　　　　　　　　　　　B. 才

      C. 常　　　　　　　　　　　　　D. 直

47　　*你借我的那500元钱，＿＿＿＿＿＿ 等下次来咱们见面时还给你。

      A. 今后　　　　　　　　　　　　B. 往往

      C. 总是　　　　　　　　　　　　D. 回头

48　　*在大学的这四年里，他虽然也打工，但是他 ＿＿＿＿＿＿ 努力地学习专业课。

      A. 仅仅　　　　　　　　　　　　B. 一时

      C. 始终　　　　　　　　　　　　D. 到处

49　　*没想到尹相圭比他哥哥＿＿＿＿＿＿聪明，考上了汉城大学最热门的专业了。

      A. 不　　　　　　　　　　　　　B. 挺

      C. 还　　　　　　　　　　　　　D. 很

50   *她是 _____不喝酒的，今天她也喝了一小杯。

    A. 总是   B. 从来

    C. 马上   D. 将来

51   这么多年他 _____ 住在那个破旧的四合院里，不愿意搬到楼房里去。

    A. 仍然   B. 突然

    C. 忽然   D. 自然

52   *今天下午 _____会下雨啊，你还是带把伞吧。

    A. 害怕   B. 到底

    C. 究竟   D. 恐怕

53   朴先生上个月就去新加坡了，_____你连这个消息都不知道吗？

    A. 究竟   B. 难道

    C. 到底   D. 千万

54   *你_____不能这么说，他还是帮了你很多忙的。

    A. 要   B. 得

    C. 可   D. 极

55   比赛开始前两分钟张明 _____匆匆赶到，你说急人不急人？

    A. 就   B. 又

    C. 都   D. 才

56   你们_____是什么关系？你怎么对他那么好。

    A. 最后   B. 终于

    C. 究竟   D. 毕竟

57 你放心，到时候我_____来参加你的婚礼。

    A. 可   B. 却

    C. 倒   D. 准

58 只有你去请他，他 _____ 会来。

    A. 就   B. 才

    C. 都   D. 还

59 看到他那么累，我们_____ 改天再去了。

    A. 不得   B. 不用说

    C. 不得不   D. 舍不得

60 你_____ 愿意不愿意去？你说话呀。

    A. 究竟   B. 竟然

    C. 尽管   D. 果然

61 你_____要注意身体，别只知道挣钱啊。

    A. 万万   B. 千万

    C. 到底   D. 一万

62 著名电影演员张国荣自杀了，你 _____还不知道？

    A. 竟然   B. 突然

    C. 忽然   D. 仍然

63 刚开始的时候我很害怕做HSK的题目，现在我_____ 喜欢练习HSK了。

    A. 纷纷   B. 渐渐

    C. 仍然   D. 究竟

64　要想学好一门外语＿＿＿＿＿＿得下工夫不可。

A. 只　　　　　　　　　　　　B. 要

C. 不　　　　　　　　　　　　D. 非

65　他 ＿＿＿＿＿＿ 又把这事忘了，赶紧打个电话催催他吧。

A. 不怕　　　　　　　　　　　B. 恐怕

C. 害怕　　　　　　　　　　　D. 可怕

66　我们都回家了，经理 ＿＿＿＿＿＿在办公室坚持工作。

A. 突然　　　　　　　　　　　B. 自然

C. 仍然　　　　　　　　　　　D. 当然

67　今天早上路上堵车很厉害，我 ＿＿＿＿＿＿迟到。

A. 肯定　　　　　　　　　　　B. 差点儿

C. 一定　　　　　　　　　　　D. 说不定

68　这家饭店的菜味道都还不错，我＿＿＿＿＿＿不知道点哪一个好。

A. 能　　　　　　　　　　　　B. 会

C. 想　　　　　　　　　　　　D. 都

69　看来这个任务 只有我自己 ＿＿＿＿＿＿ 去完成了。

A. 个人　　　　　　　　　　　B. 互相

C. 各自　　　　　　　　　　　D. 亲自

70　听说开设了HSK的辅导班，大家 ＿＿＿＿＿＿报名参加。

A. 互相　　　　　　　　　　　B. 相互

C. 纷纷　　　　　　　　　　　D. 渐渐

71　他 ＿＿＿＿＿＿是忘了约会的事了，不然他是不会失约的。

A. 准　　　　　　　　　　　　B. 会

          C. 倒   D. 可

72   *你是喜欢中餐_____西餐？我可以根据你的口味去预定餐厅。

          A. 还有   B. 要么

          C. 或者   D. 还是

73   年老的人 _____更喜欢吃蔬菜，这样对身体更好。

          A. 往往   B. 刚刚

          C. 常常   D. 仅仅

74   她房间打扫_____十分干净，非常舒服。

          A. 的   B. 得

          C. 地   D. 了

75   *老师常说，语法 _____ 我们学习HSK很重要。

          A. 关于   B. 为

          C. 使   D. 对

76   *被车撞伤的人马上_____送进了医院。

          A. 叫   B. 被

          C. 把   D. 让

77   别看哥哥大两岁，可是个子还 _____ 弟弟高。

          A. 不到   B. 不如

          C. 不像   D. 不比

78   _____热吃吧，别等他们了，还不知道什么时候回来呢。

          A. 由   B. 以

          C. 在   D. 趁

79 *我们有来 ＿＿＿＿＿＿不同国家的学生共18人。

    A. 从   B. 于

    C. 自   D. 由

80 *工作这样大的事情还是要 ＿＿＿＿＿＿＿＿你自己决定。

    A. 于   B. 从

    C. 由   D. 趁

81 *他总是喜欢 ＿＿＿＿＿＿ 客人请到自己家中吃饭。

    A. 替   B. 代

    C. 向   D. 将

82 * ＿＿＿＿＿＿着这条路一直往前走就是我家了。

    A. 顺   B. 从

    C. 于   D. 以

83 *如果你 ＿＿＿＿＿＿＿＿这样的方法去做，可以节省很多时间。

    A. 趁   B. 从

    C. 照   D. 将

84 *李老师，金泰民让我代他 ＿＿＿＿＿＿＿＿＿ 您问好。

    A. 朝   B. 向

    C. 对   D. 往

85 *你们快看那天边的晚霞有多美＿＿＿＿＿＿＿＿ ！

    A. 吧   B. 呢

    C. 吗   D. 啊

86 _____中国历史，我还了解得不多。

A. 关于　　　　　　　　　　　B. 根据

C. 按照　　　　　　　　　　　D. 由于

87 *我喜欢F4的电视剧，但_____F4的歌没有太大的兴趣。

A. 关于　　　　　　　　　　　B. 对于

C. 由于　　　　　　　　　　　D. 和

88 *我们 _____远处望去草地是一片雪白雪白的。

A. 往　　　　　　　　　　　　B. 从

C. 给　　　　　　　　　　　　D. 由

89 他在校门口见到我们，_____ 我们热情地打招呼。

A. 将　　　　　　　　　　　　B. 向

C. 往　　　　　　　　　　　　D. 把

90 在父母的说服教育下，他终于_____ 感动了，主动承认了错误。

A. 被　　　　　　　　　　　　B. 使

C. 把　　　　　　　　　　　　D. 将

91 请你千万别 _____ 此事告诉别人啊，要替我保密啊。

A. 将　　　　　　　　　　　　B. 被

C. 让　　　　　　　　　　　　D. 向

92 *老师常对我们说："你们要 _____年轻抓紧时间学习"。

A. 借　　　　　　　　　　　　B. 趁

C. 照　　　　　　　　　　　　D. 由

93 *茅台酒产_____中国的贵州省，是中国最有名的白酒。

A. 来　　　　　　　　　　　　B. 从

C. 由   D. 自

94   这么多的行李你拿不动，应该让他_____ 你拿。

A. 将   B. 把

C. 叫   D. 替

95   *听说到了夏天的7月份这里热 _____ ，平均温度是36度以上。

A. 着呢   B. 呢

C. 着   D. 死

96   如果我没有猜错的话，你是韩国留学生 _____ ？

A. 呢   B. 吧

C. 啊   D. 吗

97   *你别忘了你今天还没吃药 _____ 。

A. 了   B. 呢

C. 吗   D. 过

98   *听说这家商店的东西 _____ 多 _____ 便宜。

A. 只要……就……   B. 越……越……

C. 既……又……   D. 只有……才……

99   *_____明天天气不好，我们就不能去爬山了。

A. 要是   B. 因为

C. 只有   D. 虽然

100   _____明天下雨，我们就改天再去景福宫吧。

A. 可是   B. 要是

C. 虽然   D. 为了

101 *他家不大，_____ 收拾得很整齐。
    A. 不过   B. 尽管
    C. 就是   D. 因此

102 *他酷爱音乐，_____ 喜欢古典音乐，_____ 喜欢流行音乐。
    A. 因为……所以……   B. 虽然……但是……
    C. 不但……而且……   D. 或者……或者……

103 *_____到哪里，他都会带着一本《韩汉小词典》。
    A. 不管   B. 虽然
    C. 因为   D. 要是

104 这道菜 _____好吃，_____ 好看。
    A. 是……还是……   B. 宁可……也不……
    C. 不是……就是……   D. 不但……而且……

105 在饭桌上，我们们常常是 _____喝酒吃菜，_____再吃米饭。
    A. 不仅……并且……   B. 先……然后……
    C. 一方面……一方面……   D. 又……又……

106 *周末，张明 _____ 去喝酒，_____ 去游泳。
    A. 不是……就是 ……   B. 与其……不如……
    C. 先……于是……   D. 是……还是……

107 昨天我吃了鱼香肉丝，今天 _____ 吃，真没意思。
    A. 于是   B. 就
    C. 更   D. 又

108 *约翰喜欢吃中国饭，_____ 他口袋里有钱，他 _____ 去饭馆大吃一顿。
    A. 一……就……   B. 只要……就……

    C. 不管……也……   D. 除非……不然……

109 _____谁见了他，都说他比以前胖了。

    A. 不论   B. 假如

    C. 尽管   D. 即使

110 他这次考试 _____考得不好，_____他最近身体不好，请假太多了。

    A. 因为……所以……   B. 只要……就……

    C. 无论……都……   D. 之所以……是因为……

111 _____明天下雨不下雨，我们_____要去参加那项活动。

    A. 即使……都……   B. 无论……都……

    C. 由于……因此……   D. 虽说……可是……

112 *这次考试他考得不好，_____ 他没有好好复习。

    A. 可见   B. 所以

    C. 为了   D. 如果

113 *等了他半天都没到，_____ 我们再次打他的手机。

    A. 要是   B. 而是

    C. 于是   D. 就是

114 她很活泼，_____ 会唱歌，又会跳舞。

    A. 既   B. 还

    C. 更   D. 不

115 周末他不是睡觉，_____ 上网，一般都在家。

    A. 还是   B. 就是

    C. 于是   D. 要是

116　*要么明天，_____ 后天，咱们一块儿去郊游好吗？

A. 要么　　　　　　　　　　　B. 要是

C. 就是　　　　　　　　　　　D. 还是

117　*不是我们不帮助她，_____ 她不愿意接受别人的帮助。

A. 还是　　　　　　　　　　　B. 而是

C. 于是　　　　　　　　　　　D. 不是

118　*你_____已经来了，就多住几天再走吧。

A. 即使　　　　　　　　　　　B. 即便

C. 既然　　　　　　　　　　　D. 虽然

119　*_____你陪我一起去，我才去。

A. 除非　　　　　　　　　　　B. 只要

C. 否则　　　　　　　　　　　D. 除了

120　*就是再大的困难，我们 _____不能躲开。

A. 就　　　　　　　　　　　　B. 又

C. 也　　　　　　　　　　　　D. 还

121　他学习很刻苦，_____ 遇到怎样的困难，他都要努力克服。

A. 除非　　　　　　　　　　　B. 只要

C. 无论　　　　　　　　　　　D. 即使

122　她去年_____。

A. 毕业汉城大学　　　　　　　B. 毕业于汉城大学

C. 汉城大学毕业　　　　　　　D. 在汉城大学毕业

123　你们 _____ 来了，_____ 在这里多呆一段时间吧。

A. 即使……也……　　　　　　B. 既然……就……

  C. 只有……才……   D. 只要……就……

124 *不少人喜欢 _____ 吃饭，_____ 看电视，其实这对身体不利。

  A. 一面……一面……   B. 从……到……

  C. 越……越……   D. 或者……或者……

125 *我觉得我们_____星期六去，_____星期天去，你说呢？

  A. 只要……就……   B. 要么……要么……

  C. 就要……就要……   D. 除非……才……

126 爬山 _____可以锻炼身体，_____可以增强意志。

  A. 尽管……也……   B. 即使……也……

  C. 既……又……   D. 虽然……也……

127 *_____明天下雨，我们就得推迟旅游计划。

  A. 就是   B. 要是

  C. 只有   D. 而是

128 *_____ 明天下雨，运动会也要照常进行。

  A. 既然   B. 即使

  C. 要是   D. 不管

129 这本词典很有用，_____ 也不算贵。

  A. 又   B. 而且

  C. 而是   D. 还

130 我想早点和他结婚，_____决定让双方的父母见面。

  A. 接着   B. 或者

  C. 于是   D. 要么

131 这个周末我们打算不是去郊游，_____ 去游泳。

    A. 就是   B. 还是

    C. 于是   D. 但是

132 *_____ 汉语水平的提高，他和中国人打交道越来越多了。

    A. 跟着   B. 随着

    C. 顺着   D. 朝着

133 *学习方法不对的话，花很多时间学习也 _____ 能得到好的成绩。

    A. 不必   B. 无必

    C. 未必   D. 没必

134 要学习好的方法，_____节省更多的时间。

    A. 以   B. 因

    C. 由   D. 替

135 _____你到了韩国，_____应该体验韩国人的生活。

    A. 即使……也……   B. 既然……就……

    C. 虽然……也是……   D. 为了……就……

136 *妻子每天 _____丈夫准备好可口的晚饭，等着丈夫回家。

    A. 为了   B. 把

    C. 对   D. 为

137 _____，到现在还没有找到工作呢。

    A. 已经大学毕业的她男朋友

    B. 已经毕业大学的她男朋友

    C. 她已经毕业大学的男朋友

    D. 她大学已经毕业的男朋友

138   上海＿＿＿＿＿＿＿＿＿＿＿＿＿＿＿＿。

    A. 是一个中国经济最发达的城市

    B. 是一个最发达的中国经济城市

    C. 是中国一个经济最发达的城市

    D. 是中国最发达的一个经济城市

139   他＿＿＿＿＿＿＿＿＿＿＿，我不知放在哪儿了。

    A. 那张发给我的在长城拍的照片

    B. 在长城拍的发给我的那张照片

    C. 那张照片在长城拍的发给我

    D. 发给我的那张在长城拍的照片

140   ＿＿＿＿＿＿＿＿＿＿＿＿＿，这次意外的巧遇真是令人高兴啊。

    A. 已经我们好多年没见面了

    B. 我们好多年已经没见面了

    C. 我们已经好多年没见面了

    D. 我们没见面已经好多年了

141   ＿＿＿＿＿＿＿＿＿你放在哪儿了？

    A. 我上周给你买的礼物　　　　　　B. 我给你上周买的礼物

    C. 我上周买的礼物给你　　　　　　D. 我给你买上周的礼物

142   小男孩的手里拿着＿＿＿＿＿＿＿＿。

    A. 一个大大红气球　　　　　　　　B. 一个大大的红气球

    C. 红的大大一个气球　　　　　　　D. 一个红的大大气球

143   和意大利旅行家马可·波罗的看法一样，我觉得杭州是＿＿＿＿＿。

    A. 世界上的最美丽城市　　　　　　B. 最美丽的世界上城市

    C. 最美丽的城市世界上　　　　　　D. 世界上最美丽的城市

144   _____越来越多。

    A. 到这里旅游观光的外国游人   B. 到这里外国旅游观光的游人

    C. 外国到这里旅游观光的游人   D. 外国游人观光的到这里旅游

145   西安是_____。

    A. 有着一个3000多年历史的名城   B. 一个名城有着3000多年的历史

    C. 一个有着3000多年历史的名城   D. 有着历史的3000多年一个名城

146   有人说，汉语也许是_____。

    A. 最难掌握的世界上语言

    B. 世界上语言最难掌握的

    C. 世界上最难掌握的语言

    D. 最难掌握的语言世界上

147   苏州是_____。

    A. 著名江苏省的旅游城市

    B. 江苏省著名的旅游城市

    C. 旅游城市江苏省著名的

    D. 江苏省旅游的著名城市

148   到韩国以后，我看了_____。

    A. 韩国很多电视剧

    B. 很多电视剧韩国

    C. 韩国电视剧很多

    D. 很多韩国电视剧

149   穿上_____显得很瘦。

    A. 她那件紧身的黑毛衣

    B. 她那件紧身黑的毛衣

    C. 那件她紧身的黑毛衣

D. 她紧身的那件黑毛衣

150　她非常喜欢_____ 衬衣。

A. 那件真丝黄色的朋友送的

B. 那件朋友送的黄色的真丝

C. 那件朋友送的真丝黄色的

D. 真丝那件朋友送的黄色的

151　_____看起来特别漂亮。

A. 你这条白色全棉连衣裙

B. 你白色这条连衣全棉裙

C. 你全棉白色连衣这条裙

D. 你这条全棉白色连衣裙

152　_____那儿以后，我就再也没有见到过他。

A. 于　　　　　　　　　　　　B. 离

C. 打　　　　　　　　　　　　D. 当

153　王经理走到我身边，_____。

A. 朝我点了头一下

B. 点了头朝我一下

C. 朝我点了一下头

D. 点了一下朝我头

154　*听说自己HSK得到了8级，朴应顺真是高兴 _____。

A. 得不得了　　　　　　　　　B. 得极了

C. 不得了　　　　　　　　　　D. 要命

155　*小时侯家里太穷，买不 _____ 玩具，我们只好玩泥巴、沙子什么的。

A. 上　　　　　　　　　　　　B. 起

        C. 下   D. 来

156 请你走的时候别忘了把门关 _____ 。

    A. 下   B. 上

    C. 起   D. 来

157 他把那台旧的台试电脑卖 _____ 了，买了一台新的笔记本电脑。

    A. 掉   B. 去

    C. 走   D. 出

158 *他饿死了，把剩下的饭都吃 _____ 了。

    A. 光   B. 了

    C. 好   D. 下

159 *这么多的行李，我一个人拿不 _____ ，劳驾你帮我拿拿吧。

    A. 好   B. 光

    C. 下   D. 动

160 *四川菜太辣了，我可吃不 _____ 。

    A. 好   B. 光

    C. 了   D. 住

161 他 _____ 喝啤酒脸就红，酒量不大。

    A. 又   B. 一

    C. 要   D. 连

162 她打工一方面是为了挣学费，_____ 一方面也是为了增加人生的经历。

    A. 另   B. 还

    C. 又   D. 更

163　*我一个人哪儿吃得 ＿＿＿＿＿这么多饭啊？

　　A. 了　　　　　　　　　　　　B. 好

　　C. 动　　　　　　　　　　　　D. 进

164　孩子的父母求大夫一定要把他们孩子的病治＿＿＿＿＿。

　　A. 了　　　　　　　　　　　　B. 好

　　C. 完　　　　　　　　　　　　D. 光

165　老师常对我们说要把重要的课文背 ＿＿＿＿＿＿。

　　A. 好　　　　　　　　　　　　B. 了

　　C. 熟　　　　　　　　　　　　D. 掉

166　请你们把这一段翻译 ＿＿＿＿＿＿ 韩语。

　　A. 到　　　　　　　　　　　　B. 了

　　C. 给　　　　　　　　　　　　D. 成

167　过去上海人住的房子很小，现在不少人都住＿＿＿＿＿了三室两厅的大房子。

　　A. 上　　　　　　　　　　　　B. 下

　　C. 好　　　　　　　　　　　　D. 过

168　*我不能再买东西了，因为妈妈给我的零花钱都花 ＿＿＿＿＿ 了。

　　A. 没　　　　　　　　　　　　B. 了

　　C. 下　　　　　　　　　　　　D. 光

169　她是个旅行家，走 ＿＿＿＿＿ 了中国的东西南北。

　　A. 上　　　　　　　　　　　　B. 遍

　　C. 下　　　　　　　　　　　　D. 在

170　*他简直是个书虫，尤其爱好历史书，读 ＿＿＿＿＿ 了图书馆的历史书。

　　A. 遍　　　　　　　　　　　　B. 光

C. 掉　　　　　　　　　　　　D. 没

171　*看到我不高兴，他说到一半就停 ＿＿＿ 了。
A. 到　　　　　　　　　　　　B. 住
C. 开　　　　　　　　　　　　D. 在

172　*考试结束的时间到了，可是还有两道题没做＿＿＿＿。
A. 出来　　　　　　　　　　　B. 起来
C. 上来　　　　　　　　　　　D. 上去

173　*春天到了，花渐渐地开了，天气也暖和 ＿＿＿＿ 了。
A. 上来　　　　　　　　　　　B. 起来
C. 出来　　　　　　　　　　　D. 下去

174　听到这个不幸的消息，她不禁哭 ＿＿＿＿ 了。
A. 起来　　　　　　　　　　　B. 下去
C. 出来　　　　　　　　　　　D. 过去

175　刚才的新闻里说，昨天一个四岁的孩子从二楼掉＿＿＿＿了，居然没有受伤。
A. 下去　　　　　　　　　　　B. 下来
C. 过来　　　　　　　　　　　D. 出来

176　她终于和自己心爱的人结婚，过 ＿＿＿＿ 了幸福的生活。
A. 上　　　　　　　　　　　　B. 下
C. 来　　　　　　　　　　　　D. 去

177　*听完这个精彩的报告，大家都热烈地鼓起掌 ＿＿＿＿。
A. 来　　　　　　　　　　　　B. 着
C. 过　　　　　　　　　　　　D. 上

178   她在我们汉语水平最高，谁都比不_____ 她。

    A. 过   B. 着

    C. 起   D. 下

179   眼前的情景让他想 _____ 自己小时侯的事。

    A. 起   B. 过

    C. 上   D. 了

180   这么小的包哪儿能装 _____ 这么多的书啊？

    A. 起   B. 上

    C. 下   D. 去

181   别看这个房间不大，能放得 _____两张床呢。

    A. 下   B. 上

    C. 起   D. 去

182   *学好汉语很有用的，即使你毕业了，也应该继续学 _____ 。

    A. 起来   B. 下去

    C. 上来   D. 过去

183   她听到这个可怕的消息，一下子就昏了_____，我们叫了她半天她才醒_____。

    A. 过来 ，过去   B. 过去，过来

    C. 下去，上来   D. 上来，下去

184   听了老师的解释我们才明白 _____ 。

    A. 过来   B. 过去

    C. 起来   D. 上来

185   经过半个月的住院治疗，他的身体才恢复 _____ 。

    A. 上来   B. 起来

    C. 过来   D. 出来

186 妈妈看_____女儿今天有些失望，所以尽量逗她开心。

    A. 出来   B. 上来

    C. 下去   D. 起来

187 这道菜看 _____好吃，可吃 _____ 却不怎么样。

    A. 起来、起来   B. 出来、出来

    C. 下去、下去   D. 上来、上来

188 *在路上突然遇到了几年不见的中学同学，我一下子想不_____他的名字了。

    A. 上来   B. 下来

    C. 下去   D. 起来

189 我姐家的孩子住在我这儿，他太不听话了，我打算下午把他 _____。

    A. 送回姐姐家去   B. 回姐姐家去送

    C. 送回去姐姐家   D. 送姐姐家回去

190 他汉语进步真的很快，连中国电影 _____ 能看懂了。

    A. 还   B. 都

    C. 更   D. 不

191 中国的物价 _____ 。

    A. 不如韩国的高   B. 比韩国的不高

    C. 比韩国的很低   D. 不有韩国的高

192 他的汉语能力 _____ 。

    A. 比我高一点   B. 高有点比我

    C. 有点高比我   D. 一点高比我

193   这条路比那条路 _____ 。

      A. 远得多   B. 很远

      C. 远极了   D. 远多

194   这儿的气候明显比南方的 _____ 。

      A. 干燥一些   B. 一些干燥

      C. 有些干燥   D. 干燥有些

195   今天的会议为什么我非参加 _____ ？

      A. 不论   B. 不是

      C. 不可   D. 不免

196   外面下雨 _____ 大啦，你等会再走吧。

      A. 可   B. 都

      C. 就   D. 才

三. 阅读理解

第一部分

说明　这一部分试题，每题为一个句子，每一个句子中都有一个划线的词语，要求考生从句子下面的四个选择项中挑选最接近该划线词语的一种解释(在答卷上划出字母)。这部分试题主要考查考生的词义(包括一部分词组和习用语)的掌握程度，同时也考查其词汇量能否适应阅读一定难度文章的需要。

1   他这个人很有能力，就是有个粗心的<u>毛病</u>。
　　　A. 生病　　　　　　　　　　　B. 缺点
　　　C. 错误　　　　　　　　　　　D. 不舒服

2   这样的事情你可<u>马虎</u>不得啊！
　　　A. 粗心　　　　　　　　　　　B. 错误
　　　C. 不太好　　　　　　　　　　D. 一般

3   这样的活动大家当然<u>个个</u>都想去。
　　　A. 两个人　　　　　　　　　　B. 几个人
　　　C. 多数人　　　　　　　　　　D. 每一个人

4   她身边的那个<u>小伙子</u>我怎么没见过？
　　　A. 男孩子　　　　　　　　　　B. 身体很棒的男人
　　　C. 年轻的男人　　　　　　　　D. 儿子

5   我们<u>好不容易</u>才听懂老师的话。
　　　A. 很清楚　　　　　　　　　　B. 很容易
　　　C. 很费劲　　　　　　　　　　D. 很努力

6　刘红这学期学习<u>努力</u>多了，考试成绩不错。

A. 刻苦　　　　　　　　　　B. 困难

C. 劳累　　　　　　　　　　D. 忙碌

7　我今天可没有<u>工夫</u>跟你电话聊天，后天要期中考试了。

A. 习惯　　　　　　　　　　B. 时间

C. 兴趣　　　　　　　　　　D. 能力

8　他还是不<u>肯</u>参加运动会，你去劝劝他吧。

A. 肯定　　　　　　　　　　B. 一定

C. 愿意　　　　　　　　　　D. 可能

9　我病了一个多月，现在学习上有些<u>吃力</u>。

A. 困难　　　　　　　　　　B. 吃惊

C. 努力　　　　　　　　　　D. 讨厌

10　你<u>动身</u>前给我打个电话，我去地铁站接你。

A. 运动　　　　　　　　　　B. 散步

C. 跑步　　　　　　　　　　D. 出发

11　他都40岁了还没找到满意的<u>对象</u>，你说急人不急人？

A. 目标　　　　　　　　　　B. 恋人

C. 工作　　　　　　　　　　D. 伙伴

12　我让他先给我把一些书带回国，他<u>答应</u>了。

A. 回答　　　　　　　　　　B. 同意

C. 回信　　　　　　　　　　D. 决定

13　你们的话剧表演真<u>精彩</u>啊，我看了两遍还想看。

A. 美丽　　　　　　　　　　B. 出色

         C. 认真   D. 精神

14   你看你<u>非要</u>这么老远地赶来，累死了吧？

         A. 要紧   B. 想要

         C. 一定要   D. 不要

15   桌子上<u>摆着</u>一大堆好吃的东西，你饿了就先吃点吧。

         A. 放   B. 堆

         C. 掉   D. 举

16   这件事连老师也没什么好<u>主意</u>。

         A. 态度   B. 办法

         C. 思想   D. 认为

17   你看今天这位<u>新娘</u>多漂亮啊。

         A. 年轻的姑娘   B. 新来的女孩子

         C. 刚结婚的女人   D. 后妈

18   我花了不到20分钟就把房间<u>收拾</u>得整整齐齐的。

         A. 安排   B. 收藏

         C. 整理   D. 打扫

19   我最<u>爱</u>抽烟、喝酒，其他没有什么爱好。

         A. 高兴   B. 喜欢

         C. 可以   D. 热恋

20   我最近身体不太好，<u>动不动</u>就感冒。

         A. 不运动   B. 很容易

         C. 不容易   D. 不活动

21 你别老批评他，过去就算了。
　　A. 很　　　　　　　　　　B. 经常
　　C. 原来　　　　　　　　　D. 过去

22 这么快就修好了？你真有<u>本事</u>。
　　A. 经验　　　　　　　　　B. 能力
　　C. 知识　　　　　　　　　D. 速度

23 昨天晚上我的同屋肚子疼得<u>要命</u>，我们送他去医院了。
　　A. 马上死　　　　　　　　B. 有点儿
　　C. 死了　　　　　　　　　D. 厉害

24 他的书桌<u>上搁</u>着各种学习用品，有书、笔和词典什么的。
　　A. 放　　　　　　　　　　B. 摇
　　C. 带　　　　　　　　　　D. 拿

25 他汉语说得<u>很不错</u>，就是汉字不太会写。
　　A. 不好　　　　　　　　　B. 还可以
　　C. 没有错　　　　　　　　D. 很好

26 你别着急，等<u>回头</u>我帮你修修，我的电脑水平很不错的。
　　A. 回来　　　　　　　　　B. 回去
　　C. 以后　　　　　　　　　D. 明天

27 看来你们班篮球赛得<u>亚军</u>是没有问题了。
　　A. 第一名　　　　　　　　B. 第二名
　　C. 第三名　　　　　　　　D. 最后一名

28 下次您和<u>爱人</u>一起去吧。
　　A. 女朋友　　　　　　　　B. 家人

    C. 情人   D. 妻子

29   这件衣服的颜色<u>挺</u>不错的。

    A. 太   B. 有点

    C. 很   D. 并不

30   每天早上6、7点，他<u>准</u>去公园散步。

    A. 准时   B. 准备

    C. 一定   D. 马上

31   你们学校食堂的<u>伙食</u>怎么样啊？

    A. 食品   B. 饭菜

    C. 饮料   D. 食物

32   等你有<u>空儿</u>的时候，我们谈谈你明年的工作安排。

    A. 休息   B. 兴趣

    C. 意思   D. 时间

33   请你告诉我，你<u>到底</u>同意不同意我参加？

    A. 最后   B. 究竟

    C. 真正   D. 是不是

34   我<u>怎么</u>知道你的想法啊，你就告诉我吧。

    A. 什么地方   B. 不

    C. 怎样   D. 为什么

35   我以为是晴天呢，<u>谁知道</u>会突然下这么大的雨，咱们怎么办？

    A. 没想到   B. 什么人

    C. 就知道   D. 知道什么

36 我<u>哪</u>知道他是个这么粗心的人，连自己的地址都写错了，让我找了半天也没找到。

A. 知道哪里   B. 知道哪儿

C. 不知道   D. 就知道

37 你<u>难得</u>有机会来中国，应该多玩些地方。

A. 很少   B. 困难

C. 麻烦   D. 得到

38 我刚想进去，他向我<u>摆</u>手，让我等会再进去。

A. 举   B. 招

C. 挥   D. 摇

39 别的事情我可以帮忙，这样的事情可真<u>不好办</u>。

A. 不想办   B. 不应该办

C. 办得不好   D. 很难办

40 你去哪儿了？我<u>好容易</u>才找到你。

A. 不容易   B. 很容易

C. 比较容易   D. 容易

41 你这样的做法<u>恐怕</u>大家是有意见的。

A. 害怕   B. 可能

C. 一定   D. 不一定

42 今天是周末，妈妈为全家做了几个<u>拿手菜</u>。

A. 亲手菜   B. 特色菜

C. 做得最好的菜   D. 好吃的菜

43 不该花的钱别花，但是需要的书再贵也<u>得</u>买。

A. 想   B. 能

C. 会   D. 要

44 不管你怎么说，我也不同意你的<u>观点</u>。

A. 眼睛   B. 看法

C. 地方   D. 理想

45 我让妈妈送我一台电脑作为生日礼物，妈妈还没有<u>答应</u>。

A. 回信   B. 回答

C. 同意   D. 决定

46 听<u>奶奶</u>说我小时候特别害怕猫，但我现在真想养一只猫。

A. 爸爸的妈妈   B. 妈妈的妈妈

C. 爸爸的姐姐   D. 妈妈的姐姐

47 这次的话剧表演真<u>精彩</u>，看来他们排练得非常努力。

A. 认真   B. 棒

C. 丰富   D. 美丽

48 她不但<u>模样</u>好，人也聪明，真是人见人爱。

A. 身材   B. 长相

C. 性格   D. 身体

49 <u>没事儿</u>，你不用担心，我们会为你安排好的。

A. 不太忙   B. 没有事情

C. 没关系   D. 有空

50 他家是做<u>买卖</u>的，还算有钱。

A. 买东西   B. 生意

C. 商店   D. 市场

51 他最喜欢打网球、摄影、旅游<u>什么的</u>。

    A. 怎么样   B. 别的

    C. 等等   D. 为什么

52 我要在<u>适当</u>的时候提醒他注意，要多关心他的家人。

    A. 早点   B. 晚点

    C. 合适   D. 以后

53 听说他最近请假了，因为他母亲病得<u>厉害</u>。

    A. 严重   B. 害人

    C. 死了   D. 有点儿

54 他<u>叔叔</u>是海员，我们要去参观他的大轮船。

    A. 爸爸的弟弟   B. 爸爸的哥哥

    C. 妈妈的弟弟   D. 妈妈的哥哥

55 听说他家<u>添</u>了个儿子，全家高兴极了。

    A. 来   B. 生

    C. 要   D. 加

56 我们现在应该把时间和精力<u>投入</u>到学习中去。

    A. 放   B. 丢

    C. 扔   D. 拿

57 我还不喜欢闻这种花的<u>味道</u>，你呢？

    A. 香味   B. 样子

    C. 颜色   D. 品种

58 谁<u>晓得</u>他心里在想些什么，从来不对我说。

    A. 告诉   B. 说

        C. 知道   D. 得到

59   你还是多<u>歇</u>会吧，我来做。

        A. 躺着   B. 坐着

        C. 休息   D. 睡觉

60   看样子你今天<u>心情</u>很好啊，有什么喜事吗？

        A. 思想   B. 想法

        C. 心脏   D. 情绪

61   现在不少人喜欢在网<u>上聊天儿</u>，其实这很浪费时间。

        A. 谈话   B. 说话

        C. 会话   D. 发言

62   这样的大事不要立即做决定，多<u>考虑</u>一下。

        A. 考试   B. 考察

        C. 想   D. 猜

63   电话铃响了，他<u>立即</u>跑过去接。

        A. 刚刚   B. 即

        C. 马上   D. 即将

64   我家附近的小超市商品的<u>品种</u>不多。

        A. 形状   B. 样子

        C. 类型   D. 种类

65   看这样的比赛真是<u>没劲</u>，白花了门票钱。

        A. 没力气   B. 没意思

        C. 没水平   D. 没能力

66 　<u>哪怕</u>有再大的困难，我也要爱你。

    A. 不管 　　　　　　　　　　B. 恐怕

    C. 谁怕 　　　　　　　　　　D. 害怕

67 　听到自己考试没有及格，她<u>难过</u>极了。

    A. 经过 　　　　　　　　　　B. 伤心

    C. 生病 　　　　　　　　　　D. 困难

68 　看他这一<u>脑袋</u>的汗就知道他急得要命。

    A. 胸 　　　　　　　　　　　B. 口袋

    C. 身体 　　　　　　　　　　D. 头

第二部分

说明　分别选择若干篇题材、体裁、长度、难易程度不同的阅读材料，每一篇材料后有若干个问题，每题有四个选择项，要求选择最恰当的答案。这部分试题，主要测试学生的阅读能力和速度。

(一)　我家邻居张大妈抱着一大堆衣服拿出去晒，一不小心摔了一跤，这一跤摔得可真厉害。大家赶快把她送到医院里。大夫说，张大妈的股骨骨折，需要做手术。还说，她骨折的位置不好，躺在床上不能动，得在病床上呆几个月，半年后才能下地走路。张大妈急了，因为她要送小孙女上幼儿园，要给奶奶做饭、洗衣服，家里有好多事情等着她做呢！可大夫说："你要即来之，则安之。要好好治病，静心养伤。否则后果比较危险。"于是，张大妈只能听从大夫的话，住在医院做手术、养伤。

1　张大妈怎么了？

    A. 拉肚子了　　　　　　　　　　　B. 骨折了

    C. 头晕了　　　　　　　　　　　　D. 感冒了

2　张大妈为什么要在病床上躺很长时间？

    A. 做手术要很长时间　　　　　　　B. 骨折的位置不好

    C. 需要休息　　　　　　　　　　　D. 应该睡觉

3　下面哪件事情不是张大妈每天做的？

    A. 送孙女上幼儿园　　　　　　　　B. 做饭

    C. 洗衣服　　　　　　　　　　　　D. 擦窗户

4　为什么张大妈只能住在医院里？

    A. 已经进了医院只能听大夫的　　　B. 住在医院里很舒服

    C. 不好好治病，伤不会好　　　　　D. 要大夫做手术，只能听他的

(二) 很多刚来中国的外国朋友都不会使用筷子，对中国人能用两根细细的竹子吃东西觉得奇怪。其实，中国人早在商朝时就有了使用筷子的习惯，早在3000年前中国人就发明出了精良的食具。不过筷子并不是一开始就被家家户户所使用的，古代的人吃饭仍用汤匙。直到明代，14世纪以后，筷子才真正得到普及。古代随着中外经济、文化的交流，筷子也传入外国。朝鲜使用筷子的历史也有一千多年。日本人使用筷子始于公元3到7世纪。随着中国菜为越来越多的外国朋友所喜欢，筷子也被越来越多的人学习使用。

1   筷子在什么时候得到普及？

   A. 1300年后   B. 1400年后
   C. 3000年前   D. 4000年前

2   日本人使用筷子始于什么时候？

   A. 1000年前   B. 3000年前
   C. 公元 3-7世纪   D. 14世纪

3   文中没有提到哪个国家使用筷子？

   A. 中国   B. 韩国
   C. 泰国   D. 日本

(三) 以前有人送我一只小小的狮子狗，十分招人喜爱。我每天放学回家，小狗会蹦蹦跳跳地过来欢迎我，亲亲我的脚。我们一家人都喜欢得不得了，有什么好吃的都少不了给它留一份。可是没多久它就得病了，什么东西也吃不进，打针、吃药都没用。它缩在角落里，痛苦地挣扎，没几天就断了气。我永远忘不了那条小狗望着我时悲伤的眼神，我眼看着一个小生命永远地离开了我。我伤心地哭了好几天。为此我发誓，再也不在家里养小动物了。

1　小狗怎么样？

    A. 很调皮　　　　　　　　　　B. 很好看

    C. 很讨厌　　　　　　　　　　D. 很让人喜欢

2　家里人喜欢这条小狗吗？

    A. 非常喜欢　　　　　　　　　B. 不太喜欢

    C. 有时候喜欢　　　　　　　　D. 有点儿喜欢

3　现在这条小狗怎么样了？

    A. 病了　　　　　　　　　　　B. 受伤了

    C. 死了　　　　　　　　　　　D. 跟以前一样

4　主人还想养一个小动物吗？

    A. 还想养　　　　　　　　　　B. 如果有好的再养一个

    C. 坚决不养了　　　　　　　　D. 现在不养，以后养

（四）　几年前，北京人的家庭想找一个北京人当保姆，是非常困难的事。可是最近两年，已经有一部分北京人开始做家庭服务工作。据报纸上说，全市现在大约有两千个保姆，其中50%是北京人，大部分是下岗女工。她们白天到雇主家照顾老人、病人或小孩，晚上7点左右回自己家。工资每月四五百元，因为她们不在雇主家住，工资比外地保姆高一些。因为做服务工作的工资还可以，现在大中城市不少从工厂、公司下岗的人开始做这种工作。也还有一部分人觉得做这种工作被人看不起，所以还没有走出家门。有些已经做了保姆的人，也不愿意让亲戚、朋友和邻居知道。

北京人在北京从事家庭服务工作，不仅可以解决一部分人的就业问题，也可以构成劳动力市场的多样化。这种新现象的出现，意味着北京人观念的改变，很多人不再认为这种工作低人一等，而是将它当作一种自食其力、光明正大的工作。

1   为什么现在北京人当保姆的越来越多？

    A. 这种工作工资很高　　　　B. 下岗的人多了

    C. 没有别的工作　　　　　　D. 不会被别人知道

2   关于北京的保姆下面哪种说法是正确的？

    A. 有人觉得当保姆会被人看不起　　B. 住在主人的家里

    C. 比外地保姆工资低　　　　　　　D. 主要给主人做饭

3   作者对北京人在北京从事家庭服务工作的态度是什么？

    A. 反对　　　　　　　　　　B. 看不起

    C. 赞同　　　　　　　　　　D. 无所谓

（五）　目前，大学生打工已经不是什么奇怪的现象，差不多有一半的学生在课余时间都会去打工，一是因为大学比起高中来功课要少很多，学生们有许多自由时间。二是因为大学生可以通过打工积累社会经验，而打工赚来的钱又可以补贴自己的生活。很多人认为打工会影响学习，事实上打工会促使大学生更加合理地安排时间。大学生打工主要是做家教，为中小学生补习功课，另外也有进行商品促销和市场调查。大学生打工一般很少有在商店做营业员或在公司工作，因为那样需要较长的固定时间。

　　大学生们打工的信息，主要是从学校里的海报上得来的，此外也有少部分是同学或朋友介绍，但所占比例远远比不上海报。一般很少有自己找上门去的。

1   大学生打工的好处，下面哪一点没有提到？

    A. 积累社会经验　　　　　　B. 学习新知识

    C. 补贴生活　　　　　　　　D. 学会合理安排时间

2   下面哪一种不是大学生打工的工作？

    A. 家教　　　　　　　　　　B. 商品促销

        C. 市场调查   D. 售票

3   大学生打工的信息最主要从哪儿来？

        A. 晚报   B. 海报

        C. 自己找上门   D. 同学或朋友介绍

4   作者对大学生打工的态度是什么？

        A. 反对   B. 埋怨

        C. 赞成   D. 不关心

(六)　美国留学的同学都是来自全国各地的，一位来自北京的同学要回国看望家人，我问他，回家最想吃的是什么？他说，他最想念妈妈亲手做的炸酱面。有一次一位从广东来的同学兴致勃勃地告诉我，她收到家里人寄来的包裹。我问她里面都有些什么？她跟我说："一箱方便面，十包榨菜。"然后加了一句，"方便面真是美味。"我十分惊奇，因为那包裹的邮费比里面的东西贵得多，被寄到那么远的国外，只为了满足儿女的思乡之情。家长送子女出国，希望子女成材，但又怕儿女们受一点儿苦，真矛盾。

---

1   为什么"我"十分惊奇？

        A. 朋友的家里人寄给她方便面   B. 朋友寄给她一封信

        C. 朋友认为方便面好吃   D. 寄费比方便面贵得多

2   作者可能是做什么的？

        A. 留学生   B. 邮局工作人员

        C. 老师   D. 厨师

3   家长送孩子出国的主要目的是希望孩子什么？

        A. 感受国外的生活   B. 更加热爱自己的家乡

C. 留学成材　　　　　　　　　　　D. 珍惜国内的生活

（七）　现在上海市民持有几张银行卡已不是什么新鲜事了，但随着手中的卡越来越多，也产生了新的烦恼。如乘车、购物、打电话、付费要用不同的卡，实在不方便。如何提高卡的科技含量，使它发展成为集乘车、打电话、付公用事业费、就诊和购物消费等服务项目为一体的智能卡，已成为市民的共同呼声。

1　现在上海市民手中的卡多不多？
A. 越来越多　　　　　　　　　　　B. 不太多
C. 很少　　　　　　　　　　　　　D. 不多也不少

2　现在市民手中卡多有什么不好？
A. 没有什么不好　　　　　　　　　B. 很方便
C. 不方便　　　　　　　　　　　　D. 无所谓

3　现在市民对手中的卡有什么希望？
A. 用卡可以看病　　　　　　　　　B. 用卡可以买东西
C. 用卡可以乘车和打电话　　　　　D. 一张卡有多种服务项目

（八）　自二十世纪七十年代以来，人口老化成了全球性的问题。据统计，2000年中国60岁以上的人口占总人口的10%左右，预计到2004年将增加到25%左右。

自古以来，中国有一个传统就是养儿防老。年轻的时候多养一些孩子，年老了，不能再继续工作了，就由孩子们来照顾自己的生活。所以中国的老人一般都和儿子、儿媳住在一起。如果没有儿子，那么只能和女儿住在一起。

随着社会的发展，经济的改善，现在单独生活、缺少照顾的老人越来越多。为此，政府做了很大的努力，想出了不少的办法。比如，在上海办起了敬老院，使老人的日常生活能得到很好的照顾。在敬老院里，老人们可以下棋、打麻将、看电视、锻炼身体等等。这些对于老人的身心健康都是很有好处的。

1   进入21世纪时中国六十岁以上的人口大约占总人口的百分之几？

　　A. 25%   B. 20%

　　C. 15%   D. 10%

2   以前中国人为什么要多养孩子？

　　A. 孩子多了多热闹   B. 自己年老了，有人照顾

　　C. 孩子们很可爱   D. 兄弟姐妹互相照顾

3   中国的老人一般最希望和谁住在一起？

　　A. 女儿   B. 弟弟、妹妹

　　C. 儿子、儿媳   D. 哥哥、姐姐

4   下面在敬老院的活动中哪一个没提到？

　　A. 下棋   B. 打麻将

　　C. 打牌   D. 看电视

(九)   1978年中国开始实行计划生育政策，现在中国的独生子女家庭越来越多了。许多年轻的父母认为现在只有一个子女，孩子是家里的希望，所以对孩子的要求比较高，而且越来越重视对子女的智力开发。从小培养孩子的某种特长，让孩子得到全面的发展。在城市中，一到周末，就有许多家长带着孩子去参加各种各样的培训班。孩子们有的学钢琴，有的学书法，也有的参加英语补习班等等。为了孩子将来的前途，父母们花费了大量的时间，投入了相当的精力和财力。

1　　为什么现在独生子女的家庭越来越多了？

　　　A. 年轻父母不想要孩子　　　　B. 国家实行计划生育政策

　　　C. 想集中精力培养好一个孩子　　D. 家中无人照顾孩子

2　　为什么现在的父母对孩子的要求比较高？

　　　A. 孩子应该努力学习　　　　　B. 孩子是家里的希望

　　　C. 现在的孩子不想学习　　　　D. 现在的孩子都很聪明

3　　为什么现在父母们要带着孩子去参加培训班？

　　　A. 为了学钢琴　　　　　　　　B. 为了学英语

　　　C. 为了学书法　　　　　　　　D. 为了孩子全面发展

4　　为了智力投资，家长们花费的精力和财力多吗？

　　　A. 一般　　　　　　　　　　　B. 全部

　　　C. 非常多　　　　　　　　　　D. 很少

（十）　以前社会上认为刚毕业分配参加工作的大学生，都会有一两年学习的过程，等到有了一些社会和工作经验后再进入正式工作阶段。现在不同了，大学生一上班，单位就要求你迅速熟悉情况，根本不给你学习经验的时间。能够给机会让年轻人早点正式做事，说明社会进步了，年龄平等了。对年轻人来说，这不但是证明自己能力的好机会，也是对自己已有文化水平和能力的检验，会促使他们不断学习。在竞争激烈的今天，一年不学习，所掌握的知识就会折旧80%，如果不努力，知识会折旧，青春也会跟着"打折"。

1　　现在年轻人工作情况是什么？

　　　A. 学习一两年后再正式工作　　B. 一上班马上投入工作

　　　C. 先熟悉情况再工作　　　　　D. 一边学习一边积累经验

2 文章认为年轻人一边学习一边工作怎么样？

　　A. 能适应竞争　　　　　　　B. 没有时间

　　C. 知识会折旧　　　　　　　D. 会使他们太累

3 作者对现在这种新的社会现象是什么态度？

　　A. 客观的　　　　　　　　　B. 否定的

　　C. 肯定的　　　　　　　　　D. 反对的

（十一）马铃薯是投资少、见效快、经济效益高的农作物。马铃薯的投入产出比为1：
4，一亩马铃薯可相当于3亩粮食的产值。马铃薯在我国又称土豆、洋芋，是列
于小麦、水稻、玉米之后的第四种主要作物。我国马铃薯种植面积为460多万
公顷左右，种植面积和总产量均居世界首位。马铃薯资源主要分布在黑龙江、
吉林、内蒙古、山西、甘肃、青藏高原和云、贵、川等广大地区。产品品质
优、产量高。

---

1 马铃薯是什么样的农作物？

　　A. 成本高　　　　　　　　　B. 收成高

　　C. 容易种植　　　　　　　　D. 经济效益高

2 种一亩马铃薯相当于多少粮食的产量？

　　A. 1亩　　　　　　　　　　B. 2亩

　　C. 3亩　　　　　　　　　　D. 4亩

3 马铃薯除了土豆以外还有什么名称？

　　A. 小麦　　　　　　　　　　B. 水稻

　　C. 玉米　　　　　　　　　　D. 洋芋

---

4   **我国马铃薯的种植面积和总产量在世界上是第几位？**

      A. 第一位   B. 第二位

      C. 第四位   D. 第六位

5   **下面什么地方不出产马铃薯？**

      A. 山西   B. 甘肃

      C. 吉林   D. 江苏

(十二) 现在，在中国的城市中，每年的春节、五一劳动节、十一国庆节都放7天假。人们是怎样度过这些假日的呢？一个市场调查公司对上海的286户家庭怎样度过五一节进行了调查。其结果是：五一期间在家休息和睡觉的占总数的46%，走亲访友占30%，外出旅游占30%，看电视占24%，跟朋友聚会占20%，逛街购物占15%。

---

1   **下面哪个假日不休息七天？**

      A. 春节   B. 五一节

      C. 国庆节   D. 元旦

2   **从调查结果看，哪种活动的人数最多？**

      A. 走亲访友   B. 看电视

      C. 外出旅游   D. 在家里休息和睡觉

3   **哪两种活动的人数最少？**

      A. 看电视和走亲访友   B. 跟朋友聚会和逛街购物

      C. 在家里休息和跟朋友聚会   D. 走亲访友和外出旅游

(十三) 在美国俄勒冈州的纽波特海湾，有一家被人们称为"小说旅馆"的旅馆。从外观

看，这个只有3层楼的旅馆与周围的其他建筑没什么不同，但每年都有数以万计的游客特别是一些喜爱读书的人在这里住宿。这家旅馆的房间没有编号，每一套房间都是以世界一位著名的作家或闻名于世的小说主人公来命名的。在旅馆的每个房间和庭院内，随处可见阅读小说、精心思考、埋头写作、交流读书心得的旅客。

1   在什么地方有一家小说旅馆？

    A. 美国的纽波特海湾   B. 英国的英吉利海湾

    C. 法国的比斯开海湾   D. 非洲的几内亚海湾

2   从外观看，这家旅馆的建筑怎么样？

    A. 设计很奇特   B. 与周围的建筑差不多

    C. 四层楼房   D. 很高

3   每年有多少旅客到这家旅馆？

    A. 一百多个   B. 五百多个

    C. 几千个   D. 一万以上

4   旅馆里的房间有什么特别的地方？

    A. 编号很特别   B. 用作家或小说主人公的名字命名

    C. 用旅客的命名   D. 用世界名人的名字命名

(十四) 一个午后，在回家的途中，我又走进了那家书店。在一排排的书架上，我发现了一本书。漂亮的封面设计和看起来并不很厚的书，使我下决心在这里一口气把它读完。我靠在书架旁，用自己还觉得比较舒服的姿势站着，捧着这本书读了起来。时间一点点地过去，我的双腿开始发酸，想站直了走动走动，才发觉已经力不从心了。我想找个地方坐坐，但在这里是不可能的。不过有一点让我很高兴，我已经读了这本书的三分之二，我还想一下子把它读完，但酸得发麻

> 的双腿实在受不了了，于是，我只得把书放回原处，等下次来继续欣赏。

1　**作者在哪里看书？**
　　A. 商店　　　　　　　　　　B. 书店
　　C. 图书馆　　　　　　　　　D. 家里

2　**为什么作者要读这本书？**
　　A. 书的内容有意思　　　　　B. 别人介绍过这本书
　　C. 封面设计得好，书也不厚　D. 以前看过这本书

3　**为什么作者没看完这本书？**
　　A. 站着看书很累　　　　　　B. 没有时间
　　C. 想回家了　　　　　　　　D. 不好看

4　**这本书作者还有多少没看完？**
　　A. 一半　　　　　　　　　　B. 三分之二
　　C. 三分之一　　　　　　　　D. 四分之一

(十五) 吃完晚饭，大约六点半左右，一家人爸爸、妈妈、姐姐、弟弟带上我一起出去散步。九月的英国，和我们中国不一样，已隐隐能感觉到冬天的气息了。中午艳阳高照，穿短袖还嫌热，但早晨和夜晚绝对得穿上一件厚厚的大衣。

　　路上，行人和车辆很少。弟弟和爸爸玩起了扔球的游戏，两个男人又笑又闹，都露出了孩子般的纯真。我不禁感动起来，他们是真的把我当成家人，才在我面前毫不拘束，展示自我的啊。于是我也跟着他们互相追赶打闹起来。

1　**我是这个家庭里的人吗？**
　　A. 是　　　　　　　　　　　B. 可能是

    C. 也许不是   D. 不是

2   文中写的是哪个季节？

    A. 春天   B. 夏天

    C. 秋天   D. 冬天

3   他们在什么地方玩扔球的游戏？

    A. 路上   B. 山上

    C. 公园里   D. 院子里

(十六) 自古以来，鱼是人类最喜爱的食物之一，它的味道鲜美，营养价值高。鱼的蛋白质含量一般是15%~20%，脂肪含量是1%~10%，而且大多是不饱和脂肪酸。这种不饱和脂肪酸非常容易被人体消化吸收，特别是对大脑的生长、发育起关键的作用，它在海洋鱼类中含量较高。在这些海鱼中，沙丁鱼、三文鱼、秋刀鱼、金枪鱼的含量更高，其中金枪鱼含量最高，被称为"鱼中之冠"、"海洋骄子"。

---

1   为什么人们喜爱吃鱼？

    A. 味道好   B. 味道好，营养价值高

    C. 蛋白质含量高   D. 脂肪含量高

2   为什么不饱和脂肪酸对人体作用很大？

    A. 人体需要   B. 人的生长发育需要

    C. 容易消化吸收   D. 帮助肠胃消化

3   在什么样的鱼类中不饱和脂肪酸含量较高？

    A. 海里的鱼   B. 河里的鱼

    C. 人工培殖的鱼   D. 湖里的鱼

4　　什么鱼不饱和脂肪酸的含量最高？

　　　A. 沙丁鱼　　　　　　　　B. 三文鱼

　　　C. 秋刀鱼　　　　　　　　D. 金枪鱼

(十七) 一位著名的酿酒专家曾经说过："水是啤酒的血液。"因为，啤酒中水的含量占到80%以上。可以说，酿酒用的水质直接影响到啤酒的品质及口味。三得利啤酒选用的是天然矿泉水，它采自地下深处，经过几百万年的沙石层渗透、过滤，水质天然纯净，而且含有对人体有益的各种元素，如钾、钙、钠、镁……等。根据国际权威的调研公司调查资料显示：60%的消费者认为三得利啤酒的水质好。因此，三得利啤酒口感清爽并有清幽的酒花香。

1　　啤酒中水的含量多少？

　　　A. 一半　　　　　　　　　B. 百分之八十

　　　C. 百分之十　　　　　　　D. 百分之八

2　　三得利啤酒用的是什么水？

　　　A. 山上的泉水　　　　　　B. 高山湖水

　　　C. 井水　　　　　　　　　D. 地下深处的矿泉水

3　　三得利啤酒为什么受到大多消费者的欢迎？

　　　A. 有名　　　　　　　　　B. 历史悠久

　　　C. 水质好　　　　　　　　D. 口味好

(十八) 上海燃气市南销售公司的维修工王德润，在1994年，凭着修理燃气器具的一技之长，主动报名参加社区志愿者服务队，在自己家门口挂出了"为民服务箱"，亮出自己的身份、保修内容和服务承诺。居民有事，只要在箱子里留张

小纸条。王德润每天下班以后第一件事，就是打开箱子取出小纸条，匆匆地吃几口饭，背起工具箱，开始了八小时以外的工作。小小的服务箱在社区挂了七年，他已义务为群众修理燃气具和热水器4000多次。

1 王德润是干什么的？

A. 销售燃气具　　　　　　　　　　B. 修理燃气具

C. 安装燃气具　　　　　　　　　　D. 清洗燃气具

2 为民服务箱有什么用？

A. 听居民的意见　　　　　　　　　B. 表示自己的身份

C. 居民投报修的纸条　　　　　　　D. 居民投放感谢信

3 王德润为居民修燃气具收费吗？

A. 不收费　　　　　　　　　　　　B. 收费不多

C. 有时候收费　　　　　　　　　　D. 为熟人修理不收费

4 王德润已经为社区居民服务了多少年？

A. 七年　　　　　　　　　　　　　B. 四十多年

C. 三十年　　　　　　　　　　　　D. 十七年

(十九)七月中旬，上海电视台主办了一次儿童夏令营，参加这次夏令营的孩子是从上海、大连、武汉、云南、海南等地选出的优秀孩子。带队老师说，这些孩子不仅聪明机灵，而且自信勇敢。

　　他们能够在短短一两个小时内发挥各自所长，齐心协力排出二三十个完全不同的节目。他们出门在外，多少也能干点事，大多在回到住处后，自己洗衣服，虽然不一定洗得干净，但至少在动作上有七八分像样。孩子们都表示暑假里自己的衣服自己洗。尤其是小女孩们早晨起床后互相帮对方梳头，虽然明显不如妈妈弄得好，但这种友爱互助的精神实在让人感动。

不过记者在观察中发现，城市孩子正在远离自然，许多孩子不擅长户外运动，并且害怕在太阳底下流汗，他们缺的就是阳光和自然。

1 参加夏令营的孩子不是从哪个城市来的？

A. 武汉　　　　　　　　　　　B. 上海

C. 大连　　　　　　　　　　　D. 河南

2 作者对哪件事情很感动？

A. 孩子聪明机灵　　　　　　　B. 孩子们表演很多节目

C. 女孩们互相帮助　　　　　　D. 孩子们自己的事情自己做

3 这篇文章可能是谁写的？

A. 老师　　　　　　　　　　　B. 电视节目主持人

C. 记者　　　　　　　　　　　D. 孩子

(二十) 我在我们公司主管人事工作，每一位新到我这儿报到的人，我都会提醒他：你的文凭只代表你过去的文化程度，它的价值只会体现在你的底薪上，它的有效期只有3个月。要想在我这儿继续干下去，那就必须从小学生做起，积极主动地寻求新的知识。面对信息爆炸的知识经济时代，我希望我的员工在自己头上随时架着一个天线，广泛接收来自各个领域的信息和知识，只有这样，才能拓宽你的视野，而且会培养你良好的市场反应能力。在我看来，学习能力是一种最重要的工作能力，一个不善于学习的人，一个不知道自己该学习什么的人，往往工作能力也不怎么样。而有些毕业于名牌大学的毕业生，对自己的文凭很自豪，甚至觉得高人一等，到了新的工作单位、新的环境中，没有意识到应该继续学习、甚至有的方面应该从头学起。这样会使自己很快被淘汰而变得没有优势了。

1　　对于新来报到的人，作者最看中的是什么？

　　A. 学习能力　　　　　　　　　B. 文凭

　　C. 工作经验　　　　　　　　　D. 文化程度

2　　作者希望员工面对知识经济时代应该怎样做？

　　A. 有很强的工作能力　　　　　B. 有很好的适应能力

　　C. 广泛吸收信息知识　　　　　D. 像一个天线一样

3　　作者对名牌大学的毕业生是什么看法？

　　A. 看不起　　　　　　　　　　B. 很欣赏

　　C. 应该继续学习　　　　　　　D. 很有优势

（二十一）　　大自然现象真是千奇百怪，各种各样。风就是其中的一种。风，对于我们并不陌生，它每时每刻在我们身边走动。风既看不见也摸不着，一会儿，它像个可爱的孩子，围绕在你的身边；一会儿，像个亲切的母亲，轻拂着你的脸庞；一会儿，又像凶神，疯狂地抽打着你的身体。总之，它是变化无常的。

那么，风又是怎样形成的呢？其实很简单。只要空气流动，就会产生风。只不过，有时流动得快，有时流动得慢罢了。在地球上有6个风带：南、北信风带，南、北东风带和南、北西风带。由于这6个风带的纬度、方向和速度的不同，就会出现我们所说的不同种类的风。此外，风形成的因素还有地形的高低、气候的冷暖等。风曾经对我们人类作出了巨大的贡献。不过，风也有它有害的一面。美国出现过的黑风暴，曾席卷大半个美国，将3亿吨优质的土全部吹入了大西洋，给农业带来巨大的损失。还有各地的台风以及一些地方的飓风，都给当地人民带来灾害。风是大自然的现象。它能给人类造福，也能给人类带来灾害。但是，人是大自然的主人，他们有能力改造自然，征服自然。随着科学技术的发展，相信在不远的将来，风一定会给人类带来更大的幸福。

1　关于风下面哪种说法是文章中没有提到的？

    A. 风是一种自然现象　　　　　　B. 我们可以感到风的存在

    C. 地球上共有6个风带　　　　　　D. 冬天的风很寒冷

2　下面哪个不是产生风的原因？

    A. 空气流动　　　　　　　　　　B. 早晚变化

    C. 地形高低　　　　　　　　　　D. 气候冷暖

3　关于风作者的态度是什么？

    A. 风只能给人类带来灾害　　　　B. 风给农业造成很大的损失

    C. 人类应该利用风给人类带来幸福　　D. 风没给人类带来好处

(二十二) 有位著名的舞蹈家从小生活在外国，英语说得比汉语好。有一年她在中国北方的农村，不小心腿上被狗咬了一口，来到卫生站就诊。医生问怎么回事，她的汉语不够用，结结巴巴说了半天，加上了动作和手势，也没把意思完全表达清楚。她说"一个……大大的……汪(她学狗叫)"，医生明白了，知道她说的是狗，就问："狗怎么了?"她继续说："YES，YES，狗，我的中文不好，请你不要客气。"医生笑了，说："我不客气，也不生气。"她有说："YES，YES，不是客气，是生气。"医生问："狗究竟怎么了?"她指了指自己的腿，说："狗没有粮食了，狗把我这里当作了午餐!"医生终于明白了，她的腿给狗咬伤了。

1　这位中国舞蹈家的汉语为什么不好？

    A. 不喜欢汉语　　　　　　　　　B. 从小在国外生活

    C. 没有人教她　　　　　　　　　D. 喜欢英语

2　她怎么向医生表达她的腿被狗咬了？

    A. 狗把我这里当作了午餐　　　　B. 狗饿了，吃了我这儿一块肉

    C. 狗把我的腿当作了粮食　　　　D. 狗把我这儿咬伤了

(二十三) 人类在经历了蒙昧的时代、农业时代、工业时代以后，已经走过了30~40
年的信息时代。在信息时代，50%以上的从业人口为从事信息业的职员，也就
是所谓的"白领阶层"，其余不到50%的从业人是蓝领工人、农业工人和生活服
务业工人。有人在信息时代提出了一个新名词 —— "金领阶层"，金领阶层应
该包括科学家、工程师、政治家、企业家、教育家、艺术家等高级脑力劳动
者。但是在信息社会中，金领阶层的比例是很小的，比如科学家和工程师占全
球总人口的千分之一还不到。

1   人类的信息时代大概经历了有多少年了？

   A. 40~50年   B. 30~40年

   C. 20~30年   D. 10~20年

2   从事信息产业的人员是属于什么？

   A. 白领阶层   B. 蓝领阶层

   C. 生活服务行业   D. 金领阶层

3、   下面哪个不是"金领阶层"的？

   A. 企业家   B. 工程师

   C. 艺术家   D. 建筑工人

(二十四) 你知道世界上最冷和最热的地方在哪里吗？世界上最冷的地方在南极洲，年
平均气温在-25℃以下，绝对最低气温达-88℃左右。这是由于那里的纬度高，
而且是一个冰封的大陆，同时又是世界上风暴最大的地区。世界上最热的地方
在非洲的埃塞俄比亚。一月份的平均温度在26℃左右，7月份平均温度为3
5℃，年平均温度为30.2℃。可见这里每个月的气温都很高，热极了，几乎天
天是盛夏。为什么会这么热呢？虽然在海边上，但是红海是一个温度非常高的

海，而且这里全年主要风向都是东北风，从炎热干燥的阿拉伯沙漠上吹来的信风横扫过去，加强了这里的炎热程度，而且很少下雨，全年只有180多毫米的降水，丝毫不能减退酷热。

1　这篇文章的题目应该是什么？
　　A. 世界的气候　　　　　　　　B. 南极洲和非洲
　　C. 世界上最冷和最热的地方　　D. 世界年平均温度

2　南极洲的年平均气温是多少？
　　A. -25℃以下　　　　　　　　B. -88℃以下
　　C. -26℃以下　　　　　　　　D. -35℃以下

3　埃塞俄比亚年的平均温度是多少？
　　A. 26℃　　　　　　　　　　　B. 30.2℃
　　C. 35℃　　　　　　　　　　　D. 36℃

4　下面哪个不是造成埃塞俄比亚温度高的原因？
　　A. 它附近有温度很高的红海　　B. 从阿拉伯沙漠吹来的信风
　　C. 它离赤道最近　　　　　　　D. 全年的降水量很少

（二十五）　随着现代工业、交通运输事业的迅速发展和城市人口的急剧增加，城市中的噪声也急剧增加，城市中的噪声正在以惊人的速度增强，和废气、污水一起被称为"城市的三大公害"。表示声音强弱的物理量叫"分贝"有些自然的声音，如树叶的沙沙声、细雨的声音和海浪向岸边轻轻拍打的声音，一般都不超过40分贝。这些声音，听起来不觉得刺耳，给人安详和平静的感觉，使人的身心得到放松。按国际标准规定，城市室内允许的声级为42分贝，而我们平时使用的家用电器的声级都比较高。比如：电风扇是40-50分贝；电冰箱是34-52分贝；洗衣机是60-80分贝；电视机是50-80分贝；收音机、收录机都为

70-90分贝。至于电车、汽车、火车、工厂车间等发出的声音，可达到甚至超过100分贝。科学家研究发现，一般人在超过40分贝的环境中睡眠受影响；达到50分贝，入睡困难；超过60分贝，影响人们的工作、谈话和娱乐。当噪声超过85分贝时，就会感到吵闹，使人的听觉器官受到影响，严重的可造成不能恢复的耳聋。

1　下面哪个答案不是"城市的三大公害"？

    A. 废气   B. 噪声

    C. 垃圾   D. 污水

2　有些听起来比较舒服的自然界的声音一般不超过多少分贝？

    A. 30分贝   B. 40分贝

    C. 50分贝   D. 60分贝

3　下面哪种家用电器的分贝最高？

    A. 电视机   B. 洗衣机

    C. 电冰箱   D. 收录机

4　当噪音达到多少分贝的时候人就可能睡不着？

    A. 40分贝   B. 50分贝

    C. 60分贝   D. 85分贝

5　这篇短文的题目应该是什么？

    A. 人体和噪音   B. 城市的三大公害

    C. 什么是分贝   D. 城市的噪声

(二十六)　电脑在给我们的工作、学习、生活带来变化的同时　也给我们的健康带来了一些隐性的伤害。电磁辐射对我们健康的危害是多方面的。电脑产生的静电荷对空气中的灰尘有吸引作用，电脑屏幕周围的灰尘中通常含有大量的微生物及变态粒子，长时间使用电脑后，这些微生物及变态粒子就会附在人的皮肤上，产生皮肤病。另外电脑屏幕的眩光对健康也有很大的危害。使用电脑超过两小时的人，由于受光害的影响，就会有眼睛酸痛，头沉重，视觉模糊等症状。医学上称为"电脑视觉综合症"。

1   电脑对人体的危害主要来自什么？

      A. 静电荷   B. 电磁辐射

      C. 微生物   D. 变态粒子

2   静电荷对空气中灰尘的吸引作用，容易使人得什么病？

      A. 气管炎   B. 肺炎

      C. 鼻炎   D. 皮肤病

3   下面那个不是"电脑视觉综合症"的症状？

      A. 身体酸痛   B. 眼睛酸痛

      C. 头沉重   D. 看不清东西

(二十七) 每个人都会经历生命的最后一分钟，如果你被告知还有一分钟的生命，那你会做些什么？下面请听一位普通的公交车司机在生命的最后一刻做了些什么吧。有一名公交车司机在行车的路上，突然心脏病发作，在生命的最后一分钟里，他做了三件事:第一，是把车慢慢地停在马路边，并用生命的最后力气拉下了手动刹车闸；第二，是把车门打开，让乘客安全地下了车；第三，是把发动机熄火，为的是保证公共汽车和乘客的安全。在这一分钟了他做完了这三件事，然后安详地趴在方向盘上停止了呼吸。

1   这篇短文的题目应该是什么？

A. 三件大事
B. 生命的最后一分钟

C. 为了乘客的安全
D. 发生在公共汽车上的事

2 这位公交车司机为什么会突然要死去？

A. 汽车着火了
B. 和前面的车相撞

C. 他心脏病突发了
D. 有人杀害他

3 这位公交司机做的最后一件事是什么？

A. 把车门打开，让乘客下车
B. 把车停在马路边上

C. 把发动机熄火
D. 把车开到安全的地方

（二十八）千年之交，世界各国纷纷建造跨世纪工程。英国修起世界上最大的半球状展览馆；法国建起地球塔和空中观缆车；德国正赶建一座巨型展览馆。具有5000年灿烂文明史的中华民族，也要在世界的东方，在中国的首都，继天坛、地坛、日坛、月坛之后，在长安街畔建一座纪念性建筑世纪坛。世纪坛，南向北京西站，北靠玉渊潭，占地4.5公顷，建筑面积4.4万平方米，步入南入口是一个低于地面一米，直径达25米的下沉式圆形广场。广场中心是一方形圣火台，中央喷射着的圣火，象征着中华民族的文明创造之火世代永传。不过这一圣火将在千年之交2000年1月1日的子夜点燃。

---

1 文中的"千年之交"指的是：

A. 1999年
B. 2000年

C. 2001年
D. 5000年

2 地球塔是哪国建造的跨世纪工程？

A. 英国
B. 中国

C. 法国
D. 德国

---

3 根据文章我们可以知道到现在为止北京共有几个坛？

    A. 3个　　　　　　　　　　　B. 4个

    C. 5个　　　　　　　　　　　D. 6个

4 世纪坛中央圣火的意义是什么？

    A. 照亮世纪坛周围　　　　　　B. 2000年1月1日子夜点燃

    C. 建筑设计的需要　　　　　　D. 象征中华文明之火

(二十九) 今天放学，我刚走到大门口，便看到妈妈来接我，我真是高兴极了。。。。。。。不久前，我从同学那里看中了一套儿童版的四大名著，下课时有时借来看看，看了以后就越来越喜欢，又不好意思经常借，所以我就叫妈妈给我买。本来以为妈妈会立刻答应的，可得到的回答却是"去书店看看再说。"现在我和妈妈一起来到江南大厦，匆匆忙忙上到三楼的小书店，飞快地找到那套我心爱的书。妈妈慢慢地把每本书都翻了一遍，我着急地看着妈妈，终于看到妈妈点了点头。哦，天！这时我才放心了，但是我又害怕妈妈改变主意，赶紧捧起厚厚的四本书，快步走到出口处，大声对售货员说："阿姨，我买书！"趁妈妈去收银台付钱，我才仔细地把每本书上上下下都检查一遍，生怕有什么地方破了。我高高兴兴地提着书准备回家，可是，妈妈还要带我买冬天的鞋子。于是，妈妈看中的样式我都不停地点头，妈妈叫我试试，我就赶紧试穿，就是盼着早点回家看书！

---

1 今天放学"我"看到妈妈来接高兴极了，是因为：

    A. 妈妈很少来接我　　　　　　B. 妈妈要带我去借书

    C. 妈妈要带我去买书　　　　　D. 妈妈要带我去买鞋子

2 "我"想买的书是哪一方面的书？

    A. 科学　　　　　　　　　　　B. 文学

    C. 漫画　　　　　　　　　　　D. 词典

3   **根据文章下面哪种说法是正确的？**

    A. 妈妈常常改变主意   B. 这四本书非常贵

    C. "我"还希望买冬天的鞋子   D. "我"希望快点回家看书

(三十) 东方明珠塔于1991年7月30日动工，1994年10月1日建成。塔高468米，与外滩的"万国建筑博览群"隔江相望，为亚洲第一，世界第三高塔。设计者富于幻想地将11个大小不一、高低错落的球体从蓝蓝的天空中串联至如茵的绿色草地上，而两颗红宝石般晶莹夺目的巨大球体被高高托起，整个建筑浑然一体，创造了"大珠小珠落玉盘"的意境。

    门票：下球体：30元/人，上球体：50元/人，二球体：65元/人，三球体：100元/人。

    东方明珠塔地址：浦东世纪大道1号

    电话：58791888

    营业时间：8：00 21：30

    交通线路：明珠巴士870、871、872，公交车81、82，隧道三、四、五、六线，轮渡 陆金线、泰公线 。

1   **关于东方明珠塔，下面哪种说法正确？**

    A. 它是亚洲第三高塔   B. 它是由两个球体组成的

    C. 它位于上海的浦东   D. 营业时间一直到晚上8点

2   **下面哪个应该作为文章的标题？**

    A. 东方明珠塔的历史   B. 东方明珠塔的地址

    C. 东方明珠塔的交通   D. 东方明珠塔的简介

(三十一) 一女人找一位侦探帮忙，要求帮助她找丈夫。私家侦探问："您丈夫的照片

有吗？"女人说没有。"那么，您丈夫长什么样子？他有什么爱好？个人能力如何……等等，我们需要线索。"女人道："他长得很高，体形不胖不瘦，很有钱，业余爱好音乐，对我很关心……"一位刚刚进来的太太突然说："我认识你丈夫，他完全不是你说的这个样子！""别理她，"女人忙对侦探说，"要是你们帮我找到我所要求的丈夫，家里那个丈夫我就不要了！"

1 这个女人要找丈夫是因为什么？

A. 她找不到她丈夫了　　　　　B. 她丈夫不要她了

C. 她想找一个更理想的丈夫　　D. 她和丈夫离婚了

2 下面哪个不是这个女人对丈夫的要求？

A. 身体很好　　　　　B. 个子很高

C. 很富有　　　　　　D. 关心她

3 从文章中我们可以知道，这个女人觉得原来的丈夫怎么样？

A. 很让她满意　　　　B. 对她很关心

C. 太爱好音乐了　　　D. 她感到不满意

(三十二) 地理课考试时，在试卷中有一道填空题写着："我国最高的山峰是(　　　)。小明没有多想就填写了"二郎山"。讲评试卷那天，地理老师把小明叫了起来："上课时，我讲了珠穆朗玛峰高8848.13米，是世界第一高峰，你不知道吗？"小勇说："知道。可是前几天我在电视里听到一首歌里唱'二呀么二郎山呀，高呀么高万丈。'"我仔细一算，一万丈要有三万多米，那比珠穆朗玛峰高多了。"

1 世界最高峰有多高？

A. 8848多米　　　　　B. 不到8848米

C. 1万丈　　　　　　　D. 3万多米

2　　　小明觉得二郎山最高是因为：

　　　　A. 老师上课时讲的　　　　　　　B. 电视上说的

　　　　C. 地理书上写的　　　　　　　　D. 歌里唱的

(三十三) "你是哪里人？"在中国所有常用问话中，这是最不要多考虑的一句，虽然没"你去哪里？"那么常问，但也是刚认识就能问，稍微熟悉就更要问。从来没有人觉得有什么不合适。其实这句话还真麻烦，一个原因是中国人的籍贯特别复杂，不容易说清楚，很多人从小长大的地方和父母的籍贯一点关系也没有；另一个原因是，中国地方太大，一些地方的人难免名声不太好，他们不愿意告诉别人他们是那里的人，这时他们常常会这样回答："你看我像哪里人？"。

1　　　从文本中我们可以知道，中国人最常问的话是：

　　　　A. 你吃饭了吗　　　　　　　　　B. 你看我像哪里人

　　　　C. 你是哪里人　　　　　　　　　D. 你去哪里？

2　　　一些人不愿意告诉别人他的籍贯可能是因为：

　　　　A. 他的籍贯名声不好　　　　　　B. 他的籍贯太远

　　　　C. 他的籍贯地方太大　　　　　　D. 他的籍贯没有名

(三十四) 柳公权从小练字，进步很快，得到了老师的夸奖、同学的称赞。一天，他和同学比赛看谁写的字好。一个卖豆腐的老人路过，他放下担子看孩子们练字，柳公权很得意地问："老爷爷，你看我的字写得棒不棒？"老人觉得这孩子太骄傲了，就说："这字好像我做的豆腐，软软的，我觉得不够好。"柳公权不高兴地说："人家都说我的字写得好，你说不好，你写两个我看看。"老人笑着说："我不是读书人，我不会写字，不过，我知道人家用脚写的字都比你写得好。不信，你可以到城里看看。"第二天一早，柳公权就去了城里。他见一棵

大树下围了许多人，挤进一看，见一个没有双臂的黑瘦老人光着双脚，坐在地上，左脚压纸，右脚夹笔，正挥笔写对联，笔下的字龙飞凤舞，非常漂亮。柳公权"扑通"一声跪在老人面前，对老人说："我愿拜你为师，请告诉我写字的秘诀。"老人用脚写了一行字给小公权："写尽八缸水，砚染涝池黑；博取百家长，始得龙凤飞。"柳公权把老人的话牢记在心里，从此刻苦练字，终于成为中国著名的书法家。

1   **卖豆腐的老人说柳公权的字写得不够好是为了什么？**

    A. 让柳公权有更大的进步   B. 让柳公权生气

    C. 让柳公权柳公权高兴   D. 嘲笑柳公权

2   **卖豆腐的老人为什么给孩子介绍那个用脚写字的人？**

    A. 那个人用脚写字   B. 那个人是老人

    C. 让柳公权学习他的刻苦精神   D. 那个人没有脚

3   **那个人为什么要用脚写字的？**

    A. 他不习惯用手写字   B. 他喜欢用脚写字

    C. 他表现自己的水平   D. 他没有手臂

4   **文章中的"秘诀"的意思可能是：**

    A. 个人的决定   B. 秘密的方法

    C. 秘密的决定   D. 特别的办法

5   **这段故事告诉我们什么？**

    A. 用脚写字更漂亮   B. 只要刻苦就能成功

    C. 老人比孩子写字漂亮   D. 读书人才会写字

(三十五) 世界上有无数个湖，有些湖存在着奇怪的现象，被称做"奇湖"。前苏联的兴顿山里有一个湖泊，人离它四五百米时，会感到恶心、头晕、呼吸困难，如不马上离开可能就会死亡。其实它是含大量水银的湖，蒸发出大量汞气，人和动物接触久了，会中毒死亡。亚洲西部的死海是含盐最多的湖，这里的水每升含盐２７２克，湖水的比重很大，就是一点也不会游泳的人，也可以舒服地躺在湖面上看书。前苏联还有一个湖，湖水含有甜味，如果洗衣服，只要把衣服放在湖水里，不用洗衣粉就能洗得很干净。

1   被叫做"奇湖"是因为：

A. 这样的湖很少   B. 这样的湖很远

C. 这样的湖有奇怪的现象   D. 这样湖有很多盐

2   关于死海我们知道些什么？

A. 人离它近了马上就会死亡   B. 人可以在湖上看书

C. 湖水是苦的   D. 湖水洗衣服不干净

3   根据文章下面哪种说法是错误的？

A. 世界上的湖不多   B. 有的湖是甜的

C. 有的湖含盐量很高   D. 有的湖人接近时间长了会死亡

(三十六) 我们公司在招人时，如果有人大学毕业时考试成绩全都是A，我们对他不感兴趣。如果有人在大学考试成绩中有很多A，但中间有两个D，我们才感兴趣。因为在大学里表现得很好的学生，往往与我们在一起工作时，表现得并不太好。我们就是要找由于和一般人不一样，在大学学习时不一定很用功的那些人。这些人往往很有创造性，做事情反应很快。人才更多的是指一种心态，是指与传统思维完全不一样的那种人。真正的人才不是看他学了多少知识，而是看他能不能承担风险，不循规蹈矩地做事情。

1　　**这个短文的主要内容是什么？**

　　　　A. 考试成绩不代表能力　　　　B. 什么是真正的人才

　　　　C. 考试成绩都是A的是好学生　　D. 考试成绩有两个D的是好学生

2　　**作者最欣赏什么样的大学考试成绩？**

　　　　A. 很多A和两个D　　　　　　B. 都是A

　　　　C. 都是D　　　　　　　　　　D. 很多D和两个A

3　　**下面哪一个是作者所说的人才的条件？**

　　　　A. 有传统的思维　　　　　　　B. 有创造性

　　　　C. 学了很多知识　　　　　　　D. 不能承担风险

(三十七) 人类越来越认识到，健康不仅仅是指人的生理，还包括心理在内。心理健康将成为21世纪健康的主要内容。和它相关的心理治疗，也将成为　又一次医学革命。研究表明，人的心理活动和人体的生理功能之间，存在着密切联系。良好的情绪状态，可以使身体功能处在最佳状态，相反，就会降低或破坏生理功能，引起各种疾病。经常热情帮助别人，有助于健康。美国一大学的病理学家曾对7000多人进行跟踪调查，结果表明，其死亡率明显降低。另外，爱情也有助于健康。心理学家和医学家认为，爱情也有助于健康。心理学家和医学家认为，爱情是双方思想感情上的和谐，幸福欢乐使这种心理转为生理上的反应，从而使双方体内分泌一些有益于健康的物质。

1　　**这篇短文介绍了哪个方面的情况？**

　　　　A. 身体对生理的影响　　　　　B. 心理对健康的影响

　　　　C. 生理对健康的影响　　　　　D. 医学对健康的影响

2　　**作者认为心理对人体健康怎么样？**

A. 不太重要   B. 无所谓

C. 没有关系   D. 很重要

3 这篇短文可能是什么杂志上的？

A. 健康杂志   B. 旅游杂志

C. 食品杂志   D. 电影画报

(三十八) 亲爱的朋友：你好！好久没有给你写信了。你好吗？我来上海已一年多了。现在还在上海对外贸易学院学习汉语。时间过得真快，再过二个月在这里的学习结束了。现在我班的同学都好。来自美国、韩国和日本，一共有6个人。学习的内容越来越难，非要预习不可。随着汉语的水平提高，在上海的生活更方便。不过还是听不懂上海话。如果有时间的话，想学习上海话。生活方面已经习惯了，现在我住在学校附近，环境很好，房东也好，邻居也好。再说附近还有便利店、超市（家乐福）等等，超市里的商品应有尽有。有时候自己做饭，中国蔬菜的种类不少。没见过的菜很多，因此买菜时常常迷惑。吃的方面跟日本不一样的是中国的鱼，我觉得中国人不太经常吃海鱼，经常吃河鱼，所买不到日本一样的鱼。有时候很想吃日本的鱼。上海虽然有日本菜的饭店，不过味道马马虎虎，有点贵。现在上海的中国菜的饭店看到大闸蟹，所谓上海的特产的。好吃是好吃，又贵又麻烦。若是你又秋天来上海的机会的话，吃一次值得。

这次给你写信，你可能觉得奇怪。我们的联系方法总是伊妹儿或者电话的。其实我也不想写这封信，因为现在我的老师非常严肃，每次有很多作业，而且没有做的话批评得厉害，因而我不得不写这封信。千万别把这话当真，我是和你开玩笑的啊。好了，下次再说。

祝你   幸福！

石川阳一

---

1   学习越来越难了，所以应该：

    A. 预习   B. 不要预习

    C. 结束   D.学习

2   短文中<u>应有尽有</u>的意思是：

    A. 东西很贵   B. 蔬菜很多

    C. 种类很多   D.环境很好

3   "这次给你写信，你可能觉得奇怪"的原因是：

    A. 这封信是老师布置的作业   B.以前联系都是发email或打电话

    C. 以前我不喜欢开玩笑   D.我不想写这封信

（三十九）鸵鸟是现存最大的鸟。但过去，它在鸟类中却不是老大。一百多年前，在大西洋的新西兰，生活着一种鸟，叫"恐鸟"。恐鸟比非洲鸟还要大，它高有3.5米，相当于两个成年男人的高度。可惜的是，这种鸟到十九世纪初就一只也不剩了。公元1600年前，非洲马达加斯加岛上，生活着一种比恐鸟还要大的象鸟，又叫隆鸟。它的个子有5米高。三个成人叠起来，才能和它比高低。象鸟站在地上，颈子可以从二楼窗口伸进去吃到桌子上放的东西。可惜的是，从1660年起，世界上也没有这种鸟了。

---

1   下面哪种说话是正确的？

    A. 一百多年前鸵鸟是最大的鸟   B. 现在最大的鸟是鸵鸟

    C. 恐鸟的名字又叫隆鸟   D. 恐鸟有三个人那么高

2   关于象鸟下面哪种说法是错误的？

    A. 象鸟生活在亚洲   B. 恐鸟不如象鸟大

    C. 象鸟的身高是5米   D. 象鸟在1660年以后就消失了

(四十) 前几天，记者访问了北京市的几个婚姻介绍所。在申请表上，记者看到女青年的年龄差不多都在25岁以上，27岁的女青年超过50％。她们中有教师、医生、工程师、翻译，许多人具备比较高的素质。她们是因为追求事业、学历或者对方条件太高而成了大龄青年的。来婚姻介绍所的男女青年素质不同，女青年人数比较多，条件普遍比男青年好，而男青年大多数喜欢找一位比自己学历低的女性，所以成功的不多。

1   **这段话中没有提到的征婚者的职业是什么？**
     A. 教师   B. 翻译
     C. 记者   D. 医生

2   **男青年成功比较少的原因是什么？**
     A. 来申请的女青年学历比较高
     B. 来申请的女青年没有学历
     C. 来申请的女青年年龄大
     D. 女青年申请的人数太少

四．综合填空

第一部分

> 说明　词语填空 这一部分试题，选择多种不同用途的综合材料，每段材料中都留有若干个空儿(空儿中标有题目序号)，每个空儿右边都有ABCD四个供选择的词语，请根据上下文的意思从中选择最恰当的词语(在答卷上划出字母)。　这部分试题，主要测试综合运用语言的能力。

(一)　儿童___1___商店送给每位来店里的孩子一个气球。一个男孩想要两个，售货员说："非常___2___，我们只给每个孩子一个气球。你家里___3___有弟弟吗？"男孩非常遗憾地说："不，我没有弟弟，___4___我姐姐有个弟弟，我想给他要一个。"售货员听后"哈哈"大笑，不过还是摸___5___他的脑袋，又送给他一个气球。

1	A. 用物	B. 用具	C. 用的	D. 用品
2	A. 抱歉	B. 歉意	C. 道歉	D. 歉疚
3	A. 再	B. 又	C. 还	D. 就
4	A. 因为	B. 可是	C. 所以	D. 因此
5	A. 着	B. 过	C. 了	D. 得

(二)　如果你到中国来旅游，一定要好好地___1___一下，因为有很多地方___2___去看看。中国有繁华、气派的大都市，有悠久历史的古都，有许多名胜___3___，美丽壮观的森林和山川。如果你喜欢现代化的大都市，你___4___去北京、上海或者广州，每个城市各有她迷人的___5___。如果你对历史有___6___，你可以去古都，比如：北京、西安、开封、杭州、洛阳等等。

1	A. 计算	B. 计划	C. 规划	D. 划算
2	A. 值得	B. 可能	C. 能够	D. 一定
3	A. 古代	B. 古迹	C. 古都	D. 古典
4	A. 一定	B. 肯定	C. 必须	D. 应该
5	A. 特点	B. 特色	C. 特别	D. 特长
6	A. 意思	B. 兴趣	C. 爱好	D. 想法

(三)　电脑虽然方便，但是在电脑上打___1___的字也不是你自己写的，看起来虽___2___但这毕竟是电脑的作品而不代表你___3___的水平。如果说是有了电脑就可以不花___4___练字，对那些花钱去学书法的人来说不就成了傻瓜了___5___？就拿一些人___6___吧，有些人因为有电脑而太依赖电脑，认为电脑上懂得打字就行了，不用练写字，___7___几个月以后连拿毛笔手都会抖了，写的字非常难看，所以有电脑还是___8___练字。

1	A. 上来	B. 过来	C. 出来	D. 起来
2	A. 好看	B. 美丽	C. 美	D. 出来
3	A. 人家	B. 别人	C. 自己	D. 他人
4	A. 努力	B. 刻苦	C. 吃苦	D. 工夫
5	A. 啊	B. 吗	C. 呢	D. 吧
6	A. 来说	B. 说来	C. 去说	D. 说去
7	A. 成果	B. 结论	C. 后悔	D. 结果
8	A. 想	B. 得	C. 的	D. 地

(四)　在上海拥有13家分店的星巴克咖啡___1___，已经占领了城市的每一个时尚据点，并走进了上海人的生活。___2___这里环境好，价格便宜，许多上班的白领和逛街的美女，都喜欢中途溜到这里停___3___休息，重要的不是在于品尝咖啡，___4___在于享受那份优雅休闲的心境。

1	A. 家	B. 室	C. 堂	D. 馆
2	A. 所以	B. 由于	C. 虽然	D. 因此
3	A. 起来	B. 过来	C. 下去	D. 下来
4	A. 而是	B. 但是	C. 就是	D. 要是

(五)　蛇虽然没有腿，___1___是爬行动物。我们___2___看到的蛇大约有一米__3___ 长。如果发现2-3米长的蛇，大家___4___会叫"大蛇，大蛇！"1984年，在美洲哥伦比亚东部___5___到一条南美蟒蛇。当时量了___6___，长11.43米，重量估计有450公斤。这是已经在世界上___7___的最大的蛇了。

1	A. 都	B. 也	C. 还	D. 却
2	A. 将来	B. 以前	C. 以后	D. 过去
3	A. 几	B. 多	C. 很	D. 约
4	A. 一定	B. 应该	C. 需要	D. 可以
5	A. 拿	B. 拾	C. 抓	D. 取
6	A. 一次	B. 一趟	C. 一下	D. 一遍
7	A. 发明	B. 发觉	C. 发生	D. 发现

(六)　美国心肺和血液研究所资助的一项研究 ___1___，休假不仅给人带来愉悦，更重要的是有益___2___。 美国匹兹堡大学和纽约州立大学的两位心理学专家在对1.2万名患有冠心病的男子9年来的健康数据___3___研究后，得出这一结论。他们的报告说，每年定期休假的人死___4___冠心病的几率远比那些不休假的人低。研究人员___5___，休假对于防止冠心病有很好的___6___。休假可以缓解人的紧张情绪，而紧张本身就是许多疾病的诱发因素。除了消除紧张，休假还使人与家人、朋友有更多的接触和运动时间。

1	A. 表明	B. 表达	C. 表现	D. 表情
2	A. 运动	B. 工作	C. 学习	D. 健康
3	A. 举行	B. 进行	C. 举办	D. 进入
4	A. 于	B. 从	C. 在	D. 到
5	A. 看见	B. 觉得	C. 发现	D. 了解
6	A. 结果	B. 成果	C. 后果	D. 效果

(七)　外国人见面打招呼多不用疑问___1___，Hello两声就完事了。中国人以前爱问"吃了吗？"现在改问："忙什么___2___?"也许___3___随便一问，但也同样让人难以回答。"还没吃"或"没忙什么"全是废话，认真报告就显得很好笑。那为什么会这么问呢？因为中国是一个注重人际交往的国家，相互了解是好朋友的___4___，不是说一点隐私都不能有，___5___在大家的概念中，好像只有男女之间的事才___6___得上隐私, 对于其它的则双方都有"知情权"不管你爱不爱说, 爱不爱听。

1	A. 话	B. 段	C. 说	D. 句
2	A. 呢	B. 吗	C. 了	D. 吧
3	A. 要是	B. 可是	C. 但是	D. 只是
4	A. 基础	B. 基本	C. 根本	D. 本来
5	A. 不是	B. 才是	C. 而是	D. 却是
6	A. 做	B. 说	C. 看	D. 算

(八)　学生要不要订报纸？我认为要！因为在报纸上我们___1___能与一些小伙伴共同分享他们的喜、怒、哀、乐，而且还能在报纸___2___知道国内外的事。即使你不听广播、不看电视，___3___能知道国内外的一些事情，那才是真的"秀才不出门,尽知天下事"呢!报纸能开阔我们的知识面,增长我们的知识。多看报纸上的一些好___4___，还能提高我们的写作___5___，使我们不再为写不出一篇好文章而烦恼了。___6___, 订报还能让我们充分利用课余时间, ___7___我们的学习生活不

> 再乏味。这不是两全其美吗?

1	A. 不但	B. 虽然	C. 如果	D. 要是
2	A. 前	B. 后	C. 上	D. 下
3	A. 还	B. 也	C. 更	D. 才
4	A. 文化	B. 作文	C. 课文	D. 文章
5	A. 知识	B. 水平	C. 技术	D. 方法
6	A. 除非	B. 以外	C. 除了	D. 另外
7	A. 使	B. 将	C. 被	D. 把

(九)　中国的八大菜系里, 我吃__1__了三、四种, 有川菜、粤菜、鲁菜, __2__北京烤鸭。我觉得都__3__好吃的。不过我最喜欢的是川菜, 因为我喜欢吃__4__的。一边吃着, __5__喝着白酒, __6__头大汗, 很舒服, 还可以治感冒__7__。

1	A. 得	B. 了	C. 过	D. 吃
2	A. 还是	B. 或者	C. 要么	D. 还有
3	A. 太	B. 挺	C. 还	D. 真
4	A. 苦	B. 辣	C. 甜	D. 酸
5	A. 一面	B. 一会	C. 一边	D. 一起
6	A. 满	B. 全	C. 都	D. 每
7	A. 了	B. 着	C. 吗	D. 呢

(十)　研究__1__鲜牛奶有多种营养成分, 很容易__2__人体吸收, 经常喝牛奶, 不但能健身, __3__能有效地美白肌肤, 但要是在喝的时候不__4__, 就会使营养受到破坏, 造成浪费。鲜奶中的VB、VC. 受到阳光照射后会很快会__5__

_。因此，牛奶最好存放在有色的或不透明的东西里，___6___存放在阴凉的地方。

1	A. 表现	B. 表达	C. 明白	D. 表明
2	A. 把	B. 被	C. 使	D. 让
3	A. 还	B. 都	C. 既	D. 才
4	A. 重视	B. 注重	C. 注意	D. 注视
5	A. 丢失	B. 消失	C. 消灭	D. 走掉
6	A. 但是	B. 并且	C. 因此	D. 可是

(十一) ___1___科学技术的进步，有很多女性借助___2___的医疗美容技术，___3___自己的美丽梦想。但是，"人造美女"的___4___，也误导了一些女性，导致她们不能科学地___5___医疗美容，对整容效果期望值过高。同时，___6___医疗美容机构水平有好有坏，一些低水平的医生导致了"美容毁容"的悲剧。有数字表明，在我国医疗美容兴起的10年___7___，已经有20万张脸被整形毁坏。所以，在当前的"造美风潮"___8___，爱美的姑娘千万要小心决定，一定要多了解一些医疗美容的___9___，科学、理智地看待"人造美丽"。

1	A. 跟着	B. 随着	C. 向着	D. 朝着
2	A. 先进	B. 进步	C. 前进	D. 先前
3	A. 实施	B. 实际	C. 实现	D. 实验
4	A. 流传	B. 流行	C. 进行	D. 举行
5	A. 认得	B. 识别	C. 知道	D. 认识
6	A. 所以	B. 但是	C. 于是	D. 由于
7	A. 中间	B. 中部	C. 前边	D. 当前
8	A. 面前	B. 前边	C. 前面	D. 面对
9	A. 专业	B. 水平	C. 知识	D. 技术

(十二) 泡菜是韩国传统___1___之一，它___2___白菜，萝卜加以辣椒面、大蒜、葱等发酵而成，是含有___3___的维他命、蛋白质等多种营养。其___4___主要有白菜、小萝卜、大萝卜、黄瓜等四十余种。　泡菜对韩国人___5___是一年四季都不可缺少的食品。泡菜原本由___6___自行制作的，随着时代的___7___，现已有多家大型食品公司以最先进的设备和最良好的卫生设施进行大规模___8___，韩国泡菜已走出国门，___9___海外。

1	A. 食物	B. 蔬菜	C. 食品	D. 品种
2	A. 被	B. 将	C. 个	D. 对
3	A. 丰富	B. 富有	C. 富裕	D. 丰收
4	A. 种子	B. 种族	C. 种	D. 种类
5	A. 说去	B. 来说	C. 去说	D. 说来
6	A. 家人	B. 家	C. 家庭	D. 家族
7	A. 发展	B. 发达	C. 发起	D. 发动
8	A. 生产	B. 产出	C. 出品	D. 产品
9	A. 知名	B. 著名	C. 有名	D. 闻名

第二部分

> <u>说明</u>　汉字填空 这一部分试题，主要从考生常见的应用文中选取语料；每段语料中都有若干个空儿(空儿中标有题目序号)，请根据上下文的意思在答卷上的每一空格中各填写一个最恰当的汉字(请注意：每个空格中只能写一个汉字)。这部分试题，主要测试在理解语篇的基础上，书写汉字的能力。

(一)　澳大利亚的墨尔本给我的感觉是美丽而安__1__。记得当时一下飞机，这个城市的整洁和良好的布局就给了我非常深__2__的印象。我喜欢公园，喜欢花草树木，而墨尔本恰恰是我理__3__中的花园城市，到处都充__4__了大自然的气息。那儿的空__5__总是那么清新，那儿的人们总是那么地友__6__，所以在那样的环__7__下，每个人都好像心__8__不错的样子。

(二)　虽然我的日常生__1__十分单调，但我却努__2__想办法去适应它。为什么？因为我打__3__做一个好学生，希__4__成为一个出色的男人。我每天六点起__5__、洗脸刷牙后，就开始复__6__功课，七点钟我就去上学。放学后，我就回家了。我们一__7__在七点钟吃晚餐，然后我就开始做家庭作__8__，希望在睡__9__前把它做完。

(三)　人人都想找到自__1__心中理__2__的恋人。 这样的恋人是什么样__3__的？男人都觉__4__女性最吸引人的是她的打__5__、身材和气质。

(四)　我认为好，每个人都有优点和缺点，那如__1__学习好的同学有不良的习__2__，那我们就不跟他们做朋__3__吗?我相__4__每个人有短处，也有长处，所以我们应该互__5__学习，互相帮__6__，这样才是最好的。

(五)　一个医生想检查一下他的小病__1__是否知道自己身__2__各部分的名称，他指着小家伙的耳__3__问："这是你的眼__4__？"只见那孩__5__马上转向他的妈妈说："妈妈，我看，我们还是需__6__另找一位医生。"

(六)　报纸能增长我们的知__1__。多看报纸上的一些好文章，还能提__2__我们的写

____3__水平，使我们不再为写不出一__4__好文章而烦恼了。再说，订报还能让我们充分利__5__课余时__6__，使我们的学习生__7__不再乏味。

(七)　朝鲜半岛位于亚洲东部，南北长约1100公__1__，总面__2__为22万平方公里。位于半岛南部的大韩民__3__面积为9.9万平方公里，其西海__4__同我国山东半岛最近距__5__只有190公里。

(八)　如__1__您去英国旅游，千__2__不能像在国内一样，问人家"你去哪里，吃饭了吗？"这类问__3__，中国人认为很热__4__，英国人会认为你很不礼__5__。他们讨__6__别人过问他们的私生__7__，英国男人最不喜欢别人谈论他的收__8__、女人最不喜欢别人谈论她的年__9__。

(九)　金茂大厦观光层的高__1__为340米，面__2__为1400平方米，是目__3__国内最高、最大的楼层观光层。在观__4__层上凭栏远望，上海的都市风光和长江口的壮观景__5__可尽收眼底。

(十)　釜山市位于韩国东角，是韩国第二大城__1__，也是韩国第一大港，人__2__约400万人。釜山以具有国__3__水平的海滨公__4__而自豪。近郊有古刹、温泉。釜山的主__5__的旅__6__景点有：太宗台、海云台、龙头山公园、东莱温泉、通度寺等。

(十一)　五、六年以前，中韩旅__1__业以韩国客人游中国为主，近年却是以大量中国客人游韩国为主，特__2__是遇到"十一"、"五一"和春__3__等中国长假，韩国的旅__4__社大多__5__忙得不得了。韩国观__6__公司统计资__7__表明，从1998年的48万人增__8__到2000年103万人。

答案

一. 听力理解

第一部分

1. C	2. C	3. D	4. B	5. A	6. C	7. D	8. B	9. D	10. A
11. A	12. B	13. B	14. C	15. A	16. D	17. A	18. C	19. B	20. A
21. B	22. B	23. C	24. A	25. B	26. C	27. B	28. C	29. D	30. B
31. B	32. A	33. A	34. B	35. C	36. B	37. C	38. B	39. A	40. B
41. C									

第二部分

1. A	2. A	3. C	4. A	5. D	6. C	7. C	8. B	9. C	10. B
11. C	12. C	13. A	14. D	15. C	16. B	17. B	18. A	19. B	20. A
21. C	22. B	23. A	24. D	25. C	26. B	27. D	28. B	29. C	30. C
31. B	32. B	33. C	34. A	35. B	36. D	37. A	38. C	39. C	40. A
41. B	42. A	43. C	44. D						

第三部分

1. C	2. A	3. C	4. B	5. C	6. B	7. A	8. D	9. D	10. B
11. A	12. D	13. C	14. A	15. D	16. B	17. A	18. C	19. A	20. B
21. A	22. C	23. B	24. C	25. C	26. B	27. D	28. C	29. C	30. B
31. A	32. D	33. C	34. A	35. C	36. D	37. C	38. B	39. C	40. D
41. A	42. C	43. B	44. B	45. C	46. B	47. A	48. D	49. B	50. C
51. D	52. A	53. C							

二. 语法结构

1. D   2. D   3. C   4. B   5. C   6. C   7. B   8. B   9. B   10. A

11. C   12. C   13. D   14. B   15. A   16. C   17. C   18. D   19. C   20. B

21. C   22. B   23. B   24. C   25. A   26. A   27. D   28. B   29. D   30. C

31. D   32. B   33. C   34. C   35. B   36. D   37. B   38. B   39. B   40. B

41. C   42. D   43. C   44. A   45. A   46. D   47. C   48. D   49. B   50. B

51. C   52. C   53. A   54. B   55. B   56. C   57. D   58. D   59. D   60. C

61. D   62. C   63. C   64. D   65. B   66. B   67. C   68. B   69. B   70. D

71. C   72. B   73. A·   74. C   75. D   76. B   77. D   78. C   79. C   80. B

81. D   82. D   83. C   84. B   85. B   86. D   87. A   88. C   89. C   90. B

91. C   92. C   93. A   94. B   95. B   96. B   97. B   98. C   99. B   100. A

101. D   102. C   103. A   104. B   105. C   106. C   107. D   108. C   109. C   110. B

111. A

第二部分

1. A   2. B   3. C   4. D   5. D   6. C   7. A   8. C   9. B   10. A

11. B   12. A   13. B   14. C   15. D   16. A   17. A   18. A   19. B   20. B

21. A   22. D   23. B   24. D   25. B   26. C   27. C   28. B   29. A   30. B

31. A   32. B   33. A   34. C   35. B   36. C   37. A   38. D   39. D   40. C

41. B   42. D   43. A   44. A   45. D   46. A   47. D   48. C   49. C   50. B

51. A   52. D   53. B   54. C   55. D   56. C   57. D   58. B   59. C   60. A

61. B   62. A   63. B   64. D   65. B   66. C   67. B   68. D   69. D   70. C

71. A   72. D   73. A   74. B   75. D   76. B   77. B   78. D   79. C   80. C

81. D   82. A   83. C   84. B   85. D   86. A   87. B   88. A   89. B   90. A

91. A   92. B   93. D   94. D   95. A   96. B   97. B   98. C   99. A   100. B

101. A 102. C 103. A 104. D 105. B 106. A 107. D 108. B 109. A 110. D

111. B 112. A 113. C 114. A 115. B 116. A 117. B 118. C 119. A 120. C

121. C 122. B 123. B 124. A 125. B 126. C 127. B 128. B 129. B 130. C

131. A 132. B 133. C 134. A 135. B 136. D 137. D 138. D 139. D 140. C

141. A 142. B 143. D 144. A 145. C 146. C 147. B 148. D 149. A 150. B

151. A 152. C 153. C 154. A 155. B 156. B 157. A 158. A 159. D 160. C

161. B 162. A 163. A 164. B 165 C. 166. D 167. A 168. D 169. B 170. A

171. B 172. A 173. B 174. A 175. B 176. A 177. A 178. A 179. A 180. C

181. A 182. B 183. B 184. A 185. C 186. A 187. A 188. D 189. A 190. B

191. A 192. A 193. A 194. A 195. C 196. A

三.　阅读理解

第一部分

1. B 2. A 3. D 4. C 5. C 6. A 7. B 8. C 9. A 10. D

11. B 12. B 13. B 14. C 15. A 16. B 17. C 18. C 19. B 20. B

21. B 22. B 23. D 24. A 25. D 26. C 27. B 28. D 29. C 30. C

31. B 32. D 33. B 34. B 35. A 36. C 37. A 38. D 39. D 40. A

41. B 42. C 43. D 44. B 45. C 46. A 47. B 48. B 49. C 50. B

51. C 52. C 53. A 54. A 55. B 56. A 57. A 58. C 59. C 60. D

61. A 62. C 63. C 64. D 65. B 66. A 67. B 68. D

第二部分

(一)　　　1. B　2. C　3. D　4. C

(二)　　　1. A　2. C　3. C

(三)　　　1. D　2. A　3. C　4. C

(四)	1. B	2. A	3. C		
(五)	1. B	2. D	3. B	4. C	
(六)	1. D	2. A	3. C		
(七)	1. A	2. C	3. D		
(八)	1. D	2. B	3. C	4. C	
(九)	1. B	2. B	3. D	4. C	
(十)	1. B	2. A	3. A		
(十一)	1. D	2. C	3. D	4. A	5. D
(十二)	1. D	2. D	3. B		
(十三)	1. A	2. B	3. D	4. B	
(十四)	1. B	2. C	3. A	4. C	
(十五)	1. D	2. C	3. A		
(十六)	1. B	2. C	3. A	4. D	
(十七)	1. B	2. D	3. C		
(十八)	1. B	2. C	3. A	4. A	
(十九)	1. D	2. C	3. B		
(二十)	1. A	2. C	3. C		
(二十一)	1. D	2. B	3. C		
(二十二)	1. B	2. A			
(二十三)	1. B	2. A	3. D		
(二十四)	1. C	2. A	3. B	4. C	
(二十五)	1. C	2. B	3. D	4. B	5. A
(二十六)	1. B	2. D	3. A		
(二十七)	1. B	2. C	3. C		
(二十八)	1. B	2. C	3. C	4. D	
(二十九)	1. C	2. B	3. D		
(三十)	1. C	2. D			
(三十一)	1. C	2. A	3. D		
(三十二)	1. A	2. D			
(三十三)	1. D	2. A			

(三十四)	1. A	2. C	3. D	4. D	5. B
(三十五)	1. C	2. B	3. A		
(三十六)	1. B	2. A	3. B		
(三十七)	1. B	2. D	3. A		
(三十八)	1. A	2. C	3. B		
(三十九)	1. B	2. A			
(四十)	1. C	2. A			

四. 综合填空

第一部分

(一)	1. D	2. A	3. C	4. B	5. A			
(二)	1. B	2. A	3. B	4. D	5. B	6. B		
(三)	1. C	2. A	3. C	4. D	5. B	6. A	7. D	8. B
(四)	1. D	2. B	3. D	4 A.				
(五)	1. D	2. B	3. B	4. A	5. C	6. C	7. D	
(六)	1. A	2. D	3. B	4. A	5. C	6. D		
(七)	1. D	2. A	3. D	4. A	5. C	6. D		
(八)	1. A	2. C	3. B	4. D	5. B	6. D	7. A	
(九)	1. B	2. D	3. B	4. B	5. C	6. A	7. D	
(十)	1. D	2. B	3. A	4. C	5. B	6. B		
(十一)	1. B	2. A	3. C	4. B	5. D	6. D	7. A	8. A	9. C
(十二)	1. C	2. B	3. A	4. D	5. B	6. C	7. A	8. A	9. D

第二部分

(一)	1. 静	2. 刻	3. 想	4. 满	5. 气	6. 好	7. 境	8. 情

(二)	1. 活	2. 力	3. 算	4. 望	5. 床	6. 习	7 般	8. 业	9. 觉
(三)	1. 己	2. 想	3. 子	4. 得	5. 扮				
(四)	1. 果	2. 惯	3. 友	4. 信	5. 相	6. 助			
(五)	1. 人	2. 体	3. 朵	4. 晴	5. 子	6. 要			
(六)	1. 识	2. 高	3. 作	4. 篇	5. 用	6. 间	7. 活		
(七)	1. 里	2. 积	3. 国	4. 岸	5. 离				
(八)	1. 果	2. 万	3. 题	4. 情	5. 貌	6. 厌	7. 活	8. 入	9. 龄
(九)	1. 度	2. 积	3. 前	4. 光	5. 色				
(十)	1. 市	2. 口	3. 际	4. 园	5. 要	6. 游			
(十一)	1. 游	2. 别	3. 节	4. 行	5. 数	6. 光	7. 料	8. 加	

听力录音文本和注释

| 第一部分 |

1 今天吃晚饭以前，我打算把这本书看完。

　　问：说话人什么时候看完这本书？

　　A. 今天　　　　　　　　　　　　B. 明天

　　C. 下午　　　　　　　　　　　　D. 白天

"吃晚饭以前"应该是是下午，所以答案是C。

'저녁 먹기 전'은 오후를 말하므로 답은 C.

---

2 每年一到七月，他就回家乡住两个星期。

　　问：他每年什么时候回家乡？

　　A. 一月到七月　　　　　　　　　B. 一月

　　C. 七月　　　　　　　　　　　　D. 二月

| 一到 + 时间词 + 就+ 动词 | 和 | 一到 + 处所词 + 就 + 动词 |

表示 刚到时间、地方就马上开始做……"比如：
一到春天，这山上的花就开了。
她每天下班一到家，就开始做晚饭。

| 一到 + 시간사 + 就+ 동사 | 와 | 一到 + 처소사 + 就 + 동사 |

"시간에 도달하였거나 장소에 막 도착하여 ~을 하기 시작하다"라는 의미를 나타낸다.
一到春天，这山上的花就开了。(봄이 되자 산의 꽃들이 피었다.)
她每天下班一到家，就开始做晚饭。(그녀는 매일 퇴근해서 집에 오자마자 저녁준비를 시작한다.)

---

3 上个星期我买了几本本子，用了三本，另外两本找不到了。

　　问：上周我一共买了几本本子？

　　A. 两本　　　　　　　　　　　　B. 三本

　　C. 四本　　　　　　　　　　　　D. 五本

本子"的量词是 本"，用了三本，还有两本找不着(到)了，一共是五本。

꽁책의 양사는 本"이다. 세 권은 쓰고 또 두 권은 찾을 수 없으니 모두 다섯 권을 샀음을 알 수 있다.

---

4 今天天气相当不错，我们可以去爬山。

问：今天天气怎么样？

A. 不好   **B. 很好**

C. 不太好   D. 很不好

相当"的意思是 很"， 相当不错"就是 很不错"，也就是很好。

相当"은 很"의 뜻과 같다. 相当不错"은 很不错"로 아주 좋다"라는 것을 나타낸다.

---

5 今天是五月十日，他回家已经一个星期了。

问：他是几号回家的？

A. 五月三日   B. 五月二日

C. 五月四日   D. 五月十日

回家已经一个星期了"，表示他是7天以前回家的。

집에 간지 벌써 일주일이 되었다"에서 그가 7일전에 집에 돌아갔음을 알 수 있다.

---

6 我们是每天八点半上课，可小金过了一刻钟才来教室。

问：小金是什么时候到教室的？

A. 八点半   B. 八点一刻

C. 八点四十五分   D. 八点

"一刻钟"意思是 十五分钟"。

"一刻钟"은 15분"이다.

---

7 昨天是我的生日，家里来了很多客人：爷爷、奶奶、叔叔，还有几个朋友。

问：昨天谁没来？

A. 奶奶   B. 叔叔

C. 好朋友   D. **姑姑**

注意听问题是 谁没来？"。还有一些常用的称呼要注意学习， 爷爷奶奶"是爸爸的父母。 叔叔"是爸爸的
弟弟，另外 伯伯"是爸爸的哥哥。 姑姑"是爸爸姐妹。

주의해서 들어야 할 부분은 谁没来？"이다. 爷爷, 奶奶는 아빠의 부모이고, 叔叔는 아빠의 남동생, 伯伯는
아빠의 형이며 姑姑는 아빠의 여자형제들을 말한다.

8   整个一个暑假，他一场电影**也**没看过。

问：下面哪种说法正确？

A. 暑假他看过一场电影   B. **暑假他没看电影**

C. 暑假他看了很多电影   D. 暑假他每天看一场电影

(连)一……也/都没……   是强调句，强调完全没有。
刚到中国的时候我(连)一句汉语也听不懂。

(连)一……也/都没……   은 강조구문으로 전혀 없음을 강조한다.
刚到中国的时候我(连)一句汉语也听不懂。(중국에 막 왔을 때 나는 중국어 한마디도 알아듣지 못했다.)

9   你看这支笔不错吧，就买这支吧？对了，还要买个本子。

问：说话人可能在什么地方？

A. 花店   B. 咖啡店

C. 水果店   D. **文具店**

用排除法，因为 笔、本子"和花店、咖啡店、水果店没关系，所以应该是 **文具店**"。

제거법"을 사용한다. 연필, 노트"와 꽃집, 카페, 과일가게"는 아무 관계가 없으므로 문구점'이 정답이다.

10   请问，北京路站您下车吗？不下车请让一让，好吗？

问：说话人在什么地方？

A. **公共汽车上**   B. 出租车上

C. 火车上   D. 船上

北京路**站**"提示是在公共汽车上。

북경로 정류장'을 말하는 것으로 보아 버스안에 있다는 것을 알 수 있다.

11 我觉得今天没昨天那么热。

问：说话人是什么意思？

A. **昨天比今天热**   B. 今天比昨天热

C. 昨天和今天差不多   D. 今天和昨天都很热

比较句 A 没(有) B + (那么、这么) 形容词 意思是 B比A + 形容词"。

今天没(有)昨天那么热"的意思是 昨天比今天热"。

A 没(有) B + (那么、这么) 형용사 는 비교구문으로 B 比 A + 형용사"의 의미이다.

今天没(有)昨天那么热(오늘은 어제만큼 그렇게 덥지 않다)"는 어제는 오늘보다 더웠다"라는 것을 나타낸다.

---

12 我以为王红没有参加这次HSK考试呢。

问：从这句话我们知道王红什么？

A. 没有参加考试   B. **参加了考试**

C. 准备参加考试   D. 不准备参加考试

说话者如果说 以为"说明他想象的和实际情况不一样。 我以为今天会下雨呢"，实际情况是今天没有下雨。

화자가 만약 以为"로 말한다면 본인이 상상한 것과 실제 상황은 다르다는 것을 설명한다. 我以为今天会下雨呢(나는 오늘 비가 올줄 알았는데)"는 오늘 비가 오지 않았음을 나타낸다.

---

13 我家离学校才5公里，走路一会儿就到了。

问：他家离学校怎么样？

A. 很远   B. **很近**

C. 比较远   D. 不太近

副词 才"常常表示数量小， "一会儿"表示时间短。

부사 才"는 주로 수량이 적음을, "一会儿"은 시간이 짧다는 것을 나타낸다.

---

14 和别人不同，我学习汉语不是为了工作，也不是旅游，而是对中国文化感兴趣。

问：他为什么学习汉语？

A. 想去中国旅游   B. 找工作

C. **喜欢中国文化**   D. 和别人一样

注意连词 不是……而是……", 是否定 不是"后面的, 肯定 而是"后面的。

不是……而是……"는 不是" 뒤에 나온 내용을 부정하고 而是" 뒤의 내용을 긍정한다.

15 我昨天一到家就给王华打电话，但是一直没人接。

问：关于王华我们知道什么？

A. **她家里没有人**   B. 她家电话

C. 她家人接了电话   D. 她不喜欢接电话

电话一直没人接"的意思是打通了，但是没有人。B. 占线"的意思是电话正在使用，打不通。

电话一直没人接"는 전화가 연결되었으나 아무도 받지 않는 것을 말한다. B. 占线"은 통화중이라 연결되지 않은 것이다.

16 我要一个鸡蛋炒西红柿、一个家常豆腐、还要一瓶饮料，米饭等会儿再说。

问：说话人可能在什么地方？

A. 家里   B. 超市

C. 市场   D. **餐厅**

在餐厅点菜的时候常常说 来、要"，还有 一个鸡蛋炒西红柿、一个家常豆腐"都是家常菜的菜名。

식당에서 음식을 주문할 때 주로 来, 要"를 사용한다. 一个鸡蛋炒西红柿、一个家常豆腐(계란 토마토 볶음 하나, 가정식 두부요리 하나)"은 모두 가정요리의 음식명이다.

17 这样的题连小学生都会做，还能难倒我？

问：这道题怎么样？

A. **很容易**   B. 很难

C. 我不会做   D. 小学生会做

连……都(也)……"是强调句，连小学生都会做"的意思是 容易、简单"。

连……都(也)……"은 강조구문이다.
连小学生都会做(초등학생조차도 할 수 있다)"라는 말에서 문제가 쉽고 간단한 것임을 알 수 있다.

18 这是你的**药方**，要多喝点儿开水，注意休息。

问：说话的人可能是谁？

A. 老师　　　　　　　　　　B. 朋友

C. **大夫**　　　　　　　　　D. 爸爸

关键是听懂 药方"，说明在医院，说话的人是大夫。

药方(처방전)"을 이해했다면 말하고 있는 장소가 병원, 화자는 의사임을 추측할 수 있다.

19　**都几点了？你怎么才来啊？**

问：说话的意思是？

A. 你不应该来　　　　　　　B. **你来得太晚了**

C. 现在几点钟　　　　　　　D. 你是怎么来的

副词 都" 才"都可以表示时间晚，都12点多了，他怎么还不回来？" 我昨晚半夜1点才睡觉。"

부사 都"와 才"는 모두 시간이 늦음을 나타낸다.
都12点多了，他怎么还不回来？(벌써 12시가 넘었는데 그는 왜 아직 안돌아오는 거지?)
我昨晚半夜1点才睡觉。(나는 어젯밤 한시가 되어서야 잠을 잤다.)

20　**我哪儿知道明天下不下雨？**

问：说话人知道明天的天气吗？

A. **不知道**　　　　　　　　B. 知道

C. 想听天气预报　　　　　　D. 想知道

和 怎么"的用法一样语气副词 哪儿、哪里"都表示否定的意思。 他哪里听得懂这么难的句子？"意思是 他
听不懂这么难的句子"。

怎么"와 같은 용법을 나타내는 어기부사로는 哪儿, 哪里"가 있으며 모두 부정의 의미를 나타낸다. 他哪里听得
懂这么难的句子？"는 그는 이렇게 어려운 문장을 이해할 수 없다"라는 뜻을 내포하고 있다.

21　**这样的展览多没有意思啊！**

问：这个展览怎么样？

A. 不错　　　　　　　　　　B. **不好**

C. 还可以　　　　　　　　　D. 很好

没意思"、没劲"都表示不好。

没意思, 没劲"은 모두 좋지 않음을 나타낸다.

22 我觉得这衣服的颜色**有点深**，对你不合适。

问：从这句话中我们知道这衣服怎么样？

A. 颜色很好。   B. **颜色不太好**

C. 很合适   D. 太贵了

有点儿+形容词"常表示不太满意。
那家商店的东西有点贵。

有点儿+형용사"은 그다지 만족하지 않음을 나타낸다.
那家商店的东西有点贵。 (그 가게의 물건은 좀 비싸.)

23 这双有点大，请给我换**双24号**的。

问：这个人在做什么？

A. 买火车票   B. 买衣服

C. **买鞋子**   D. 买电影票

双、号(码)"告诉我们是在买鞋子。

双(쌍), 号(码)(호)"를 말한 것으로 보아 신발을 사고 있음을 알 수 있다

24 都九月了，还这么热，**哪儿像**秋天啊？

问：现在是什么季节？

A. **秋天**   B. 夏天

C. 春天   D. 冬天

哪儿"有时表示否定。 他哪儿像中国人啊？"意思是他不像中国人。 我哪儿说过这样的话？"就是
我没说过这样的话"。

哪儿"은 부정을 나타내기도 한다. 他哪儿像中国人啊？(그가 어디가 중국사람 같아？)"는 그가 중국사람 같지
않다"라는 의미를, 我哪儿说过这样的话？(내가 어디 그런 말을 했니？)"는 다는 그런 말을 한 적이 없다"라는
의미를 나타낸다.

25 先生，我要**预定**一个**房间**，最好是套房的。

问：说话人可能在哪里？

A. 售票处

B. **宾馆**

C. 餐厅

D. 家里

在人们的生活中常常要预定、预订。在宾馆预定房间，在售票处预订(飞)机票和(火)车票、在餐厅预定座位。

호텔 객실이나 음식점 예약을 할 때는 预定"을, 비행기표 혹은 기차표 예약을 할 때는 预订"을 사용한다.

---

26 我怎么知道他来不来了？

问：这句话是什么意思？

A. 他不来了

B. 他一定来

C. **我不知道他来不来**

D. 他想知道他不来

这里 怎么"表示否定， 他怎么会帮助你？"意思是 他不会帮助你的。" 我怎么能不来参加你的婚礼呢？"意思是 我一定会来参加你的婚礼的"。

여기서 怎么"는 부정을 나타내어 他怎么会帮助你？(그가 왜 너를 도와주겠니?)"은 그는 너를 도와주지 않을 것이다"라는 뜻을, 我怎么能不来参加你的婚礼呢？(내가 어떻게 너의 결혼식에 참석하지 않을 수 있겠니?)"는 다는 꼭 너의 결혼식에 참석하러 갈거야"라는 것을 말한다.

---

27 刚刚，你要是多花点时间在学习上，就不会考得这么差了。

问：说话人觉得刚刚怎么样？

A. 学习花很多时间

B. **应该多花时间学习**

C. 学习很努力

D. 应该考好

---

28 张玲**如果**能考上北大的话，**那别人都能**考上了。

问：说话人是什么意思？

A. 别的人都能考上大学

B. 张玲能考上北大

C. **张玲考不上北大**

D. 张玲要考北大

如果(要是)……的话，别人都……"，表示不相信、怀疑。

他要是能参加，别人都能参加了。(意思是他不能参加)

如果(要是)……的话，别人都……"은 믿지 못하거나 의심함을 나타낸다.

他要是能参加，别人都能参加了。(그가 참가할 수 있다면 다른 사람들 모두 참가할 수 있는 거야그는 참가하지 못한다는 것을 말함)

29 周末李正英正打算去杭州、苏州或者周庄玩儿，突然下起大雨来，**他只好在家休息了。**

问：李正英星期天去哪儿了？

A. 苏州

B. 杭州

C. 周庄

D. 哪儿都没去

30 天气这么好，**还看什么书**啊！

问：说话人的意思是什么？

A. 天气很好，可以看书

B. 天气很好，不应该看书

C. 天气很好，应该看书

D. 天气很好，看不看书都没关系

31 没关系，这东西**哪儿都**有卖的。

问：说话人的意思是卖这东西的商店怎么样？

A. 很少

B. 很多

C. 不多也不少

D. 不知道

32 学校派他去英国工作，他**居然**不想去。

问：说话人的语气是：

A. 吃惊

B. 担心

C. 高兴

D. 生气

副词"**居然**"和"**竟然**"都是表示吃惊的语气。

부사 "**居然**"과 "**竟然**"은 모두 놀람의 어기를 나타낸다.

---

33 吃、吃，整天**就知道**吃，该减肥了。

问：说话人的语气是什么？

A. 抱怨

B. 吃惊

C. 高兴

D. 赞同

34 他虽然跳舞不怎么样，不过唱歌还是**有一手**的。

问：说话人觉得他怎么样？

A. 不会跳舞   B. **很会唱歌**

C. 不会唱歌   D. 很会跳舞

有一手"的意思是 很好"。

有一手"은 잘한다"라는 뜻이다.

---

35   **我有一个学生**的父亲就在那个医院工作。

问：说话人可能是做什么工作的？

A. 经理   B. 学生

C. **老师**   D. 职员

我有一个学生"这句话告诉我们他的工作是老师。

我有一个学生"라는 말에서 그가 선생님이라는 것을 알 수 있다.

---

36   李老师，来，咱们**干一杯**吧。

问：说话人要请对方干什么？

A. 吃饭   B. **喝酒**

C. 喝茶   D. 吃药

喝酒的是时候常常说 为……干杯"。例如：为我们的友谊干杯！/ 为你的生日干杯！

술을 마실때 为……干杯(~을 위해서 건배)"라는 말을 한다.
为我们的友谊干杯！(우리들의 우정을 위해서 건배!) / 为你的生日干杯！(너의 생일을 위해 건배!)

---

37   还看什么电影呀！为了昨天的考试，最近天天**开夜车**，现在连**眼睛都睁不开**
了。

问：说话人想做什么？

A. 看电影   B. 复习考试。

C. **睡觉**   D. 开车

开夜车"的意思是为了学习、工作，很晚才睡觉，或者是晚上不睡觉
眼睛都睁不开"表示想睡觉。

開夜车"은 공부나 일 때문에 아주 늦게 잠을 자거나 자지 않는 것을 말한다. 眼睛都睁不开(눈이 떠지지 않는다)"는 자고 싶다는 것을 말한다.

38 今天的天气如果**像昨天该多好啊**！

问：说话人是什么意思？

A. 今天的天气很好   **B. 今天的天气不好**

C. 昨天的天气不好   D. 今天的天气像昨天的

像昨天该多好啊"意思是昨天的天气很好，今天的天气不好。

像昨天该多好啊(어제 같았으면 얼마나 좋을까)"에서 어제 날씨는 좋았는데 오늘은 좋지 않다는 것을 간접적으로 드러내고 있다.

39 **别看现在阳光灿烂的**，还是带上雨伞吧，下午恐怕要下雨。

问：现在的天气怎么样？

A. **晴天**   B. 阴天

C. 下雨   D. 不知道

别看现在阳光灿烂的"从这句话中我们知道现在是晴天，不是阴天，更没有下雨。

别看现在阳光灿烂的"라는 말에서 지금은 비가오지 않는 맑은 날씨임을 알 수 있다.

40 你去那家商店看看吧，**要什么有什么**。

问：说话的人的意思是什么？

A. 你要买什么   **B. 那家商店东西很多**

C. 那家商店有什么   D. 那家商店的东西不多

要什么有什么"意思是 你想要的东西都有"、东西很多"。

要什么有什么"은 네가 원하는 것은 모두 있다" 혹은 물건이 많다"라는 의미를 나타낸다.

41 别客气啊，你们考试辛苦了，**像在家一样，多吃一点**。

问：他们可能在做什么？

A. 在考试   B. 在学习

C. 在吃饭   D. 在做家务

"像在家一样，多吃一点"是招待客人吃饭的时候常常说的话。

像在家一样，多吃一点(집인 거 같이 많이 드세요)"는 손님을 접대할 때 하는 말이다.

┃第二部分┃

1   男：你看，我买的这件衣服才385元，不算贵吧？

女：**这还不贵啊**？看来你很有钱啊。

问：女的觉得这件衣服怎么样？

A. 很贵   B. 不算贵

C. 不太贵   D. 比较贵

> 这还不 + 形容词？"表示 非常 + 形容词"， 这还不好啊？"就是 很好"。
>
> 这还不 + 형용사？"는 非常 + 형용사"의 의미를 나타내고, 这还不好啊？"은 아주 좋다"라는 것을 말한다.

2   男：你拿相机干什么？

女：**看镜头，笑一笑，"茄子"。**

问：女的要干什么？

A. **照相**   B. 讲个笑话

C. 看他笑笑   D. 让他看镜头

> 正如韩国人照片的时候说 KIM-CHI"(泡菜)一样，中国人照相的时候常常说 茄子"。 拍照(片)"和 照相"意思一样。
>
> 한국 사람들이 사진 찍을 때 김치'라고 말하는 것처럼 중국인들도 보통 茄子(qiézi, 가지)'라고 말하면서 사진을 찍는다. 拍照(片)"과 照相"은 같은 뜻이다.

3   女：你学汉语多长时间了？

男：好几年了。不过，**这次**来中国留学，我才学了不到三个月。

问：他**这次**学习汉语多长时间？

A. 好几年了   B. 三年

C. **两个多月**   D. 三个多月

> 不到三个月"的意思是 两个多月"。
>
> 不到三个月"은 2개월이 좀 지난'이라는 뜻이다.

4　男：这种天气在外面跑实在受不了，我都要渴死了。

　　　女：真不知还要**热多久**？**入秋以后**就好多了。

　　　问：现在可能是什么季节？

　　A. **夏天**　　　　　　　　　　　　　B. 冬天

　　C. 秋天　　　　　　　　　　　　　D. 春天

还要热多久？入秋就好了"告诉我们现在是夏季。

还要热多久？入秋就好了(얼마나 더 더워야 하지? 가을이 오면 좋겠다)"에서 지금이 여름이라는 것을 알 수 있다.

5　女：听说你搬新家了，怎么样？新房子很舒服吧？

　　　男：**可不是吗**？房间真不小，就是离上班的公司太远了。

　　　问：新房子怎么样？

　　A. **太小了**　　　　　　　　　　　B. 不太大

　　C. 不舒服　　　　　　　　　　　D. **很舒服**

可不是吗：对的，是的。

可不是吗"은 맞아요, 그래요"의 뜻이다.

6　女：你要喝啤酒还是喝咖啡？

　　　男：**随便**。

　　　问：男的想喝什么？

　　A. 啤酒　　　　　　　　　　　　B. 咖啡

　　C. **都可以**　　　　　　　　　　D. 雪

随便：都可以，没关系。

随便"은 다 괜찮다, 상관없다"라는 뜻이다.

7　女：我**肚子**有点儿**疼**，好像还有些**发烧**。

　　　男：那先**量量体温**吧！。

　　　问：他们可能在哪儿谈话？

A. 邮局   B. 饭店

C. **医院**   D. 商店

8   女：你觉得你这次比赛能得第一名吗？

      男：**不好说**。

      问：男的觉得他能得第一名吗？

      A. 不能说   B. **不一定**

      C. 不可能   D. 以后说

> 不好说"的意思是不一定，说不准。
>
> 不好说"은 확실하지 않다"라는 말이다.

9   女：你这件毛衣多少钱？

      男：**不到**280。

      问：这件毛衣的价钱大概是？

      A. 300元   B. 200元

      C. 270元   D. 800元

10   女：你喜欢吃鸡肉吗？

      男：**除**了鸡肉，别的肉我**都**不爱吃。

      问：男的喜欢吃什么？

      A. 别的肉   B. **鸡肉**

      C. 猪肉   D. 都不喜欢

11   女：你看这张桌子放在这里，电脑放在桌子上，行吗？

      男：我听你的，床放在哪儿呢？

      问：他们在做什么？

      A. 买电脑   B. 买桌子

      C. **布置房间**   D. 找床

> 布置房间常常要考虑什么东西放在什么地方。

12   女：我期末**考试一结束就得**回家，因为我父母身体不太好。

      男：那你不能和我们一起去旅游了？

      问：女的考试结束以后做什么？

      A. 去医院   B. 去旅游

      C. 回家   D. 打工

13   女：听说你要去天津了，你明年真的不想在上海继续学习了吗？

      男：我是**和他们开玩笑**的。

      问：男的是什么意思？

      A. 他明年还在上海   B. 他明年去天津

      C. 他还没决定   D. 他喜欢说笑话

      开玩笑"的意思是不是真的。

      开玩笑(농담하다)"는 사실이 아님을 말한다.

14   女：你们这学期课多吗？

      男：还行，**除了**4、5门专业课以外，**还有**两门选修课。

      问：男的这学期大概有几门课？

      A. 四门   B. 五门

      C. 两门   **D. 七门**

15   男：**明天**又是下雨，看来咱们不能去爬山了，还是呆在家里吧？

      女：整天在家里看电视多没意思啊。

      问：他们主要谈论什么？

      A. 电视节目   B. 天气情况

      C. 明天的安排   D. 爬山

16   男：小李得快点了，音乐会**七点一刻**开始。

女：不着急，还有半个小时呢！

问：他们谈话时是几点？

A. 七点   B. **六点三刻**

C. 六点半   D. 七点半

17   男：昨天的报告你听了吗？精彩吗？

     女：**精彩什么呀**，听着听着我都**快睡着**了。

     问：女的觉得报告怎么样？

     A. 很有意思   B. **没有意思**

     C. 谈谈几个问题   D. 谈了很多问题

> 形容词 + 什么呀   动词 + 什么呀
>
> 表示否定 精彩什么呀"意思 是不精彩、没意思"。
>
> 好什么呀"意思是 不好"， 买什么呀"意思是 别买了"。

> 형용사 + 什么呀   동사 + 什么呀
>
> 精彩什么呀(뭐가 멋있어)"는 멋지지 않다、 재미없다"라는 뜻이다. 好什么呀(뭐가 좋아)"는 좋지 않다",
>
> 买什么呀(뭘 사)"는 사지 마라"라는 의미를 내포한다.

18   女：你知道今天晚上的排球比赛什么时候开始吗？

     男：**说不准**，等会我看看电视报。

     问：男的是什么意思？

     A. **他也不清楚比赛的时间**   B. 他喜欢看排球比赛

     C. 他常常看电视报   D. 他不看排球比赛

> 说不准"的意思是 不知道"、 不能肯定"。
>
> 说不准"은 모른다, 확실하지 않다"라는 뜻이다.

19   男：你觉得这家饭馆菜的味道怎么样？

     女：一般，还**不如**上次去的那家。

     问：女的喜欢这家饭馆的菜吗？

     A. 很喜欢   B. **不太喜欢**

     C. 比较喜欢   D. 说不清楚

20 女：天气这么冷，我还**以为**你不来了呢？

男：**怎么会呢**？

问：男的的意思是什么？

A. **我一定会来** B. 我不会来

C. 天气怎么会这么冷 D. 我不想来

21 女：这几天我们家王林一回家就睡觉，**准是病**了。

男：**不一定吧**！

问：男的觉得王林怎么样？

A. 真的病了 B. 不知道

C. **不能肯定** D. 可能病了

准"的意思是一定，但是男的说 不一定"，就是不能肯定。

准"은 **틀림없이**'의 뜻이다. 여기서 남자가 불一定"이라고 답한 것은 확실하지 않음을 말한다.

22 男：姐，咱们明天中午去游泳怎么样？

女：中午**太晒**了，要去就傍晚的时候去。

问：现在可能是什么季节？

A. 春季 B. **夏季**

C. 秋季 D. 冬季

一般是夏天的太阳很晒。

일반적으로 여름 햇볕은 따갑다.

23 男：昨天我们爬北汉山了，一口气爬到了山顶。

女：那你们**一定累坏**了吧？

问：女的认为爬到山顶怎么样？

A. **不容易** B. 不可能

C. 没意思 D. 身体要坏的

女的觉得爬到山顶很累，所以不容易。

여자는 산정상에 오르는 것이 힘들고 쉽지 않다고 생각한다.

24　女：我想找个网吧上网，你知道在哪儿吗？

　　男：**出了学校大门左边拐弯就有**一个网吧。

　　问：网吧离学校远吗？

　　A. 很远　　　　　　　　　　　B. 远

　　C. 有点远　　　　　　　　　　D. **不远**

副词 就"可以表示数量少，距离近。

부사　就"은 수량이 적거나 거리가 가깝다는 것을 나타낼 수 있다.

25　男：快上车吧，**硬座**人多，照顾好行李，到了以后来个电话。

　　女：知道了，那边也有人接，你就放心吧。

　　问：他们在哪儿谈话？

　　A. 飞机场　　　　　　　　　　B. 汽车站

　　C. **火车站**　　　　　　　　　D. 地铁站

中国的火车分成 硬座"、 软座"和 卧铺"。

중국의 기차는 일반좌석', 고급좌석', 침대칸'으로 나뉜다.

26　男：啊呀，你怎么晒得这么黑？是不是去非洲旅行了？

　　女：**哪儿啊**，我去了避暑山庄承德了。

　　问：女的去什么地方旅游了？

　　A. 非洲　　　　　　　　　　　B. **承德**

　　C. 顺德　　　　　　　　　　　D. 周庄

哪儿啊"意思是否定的， 不是"。

哪儿啊"은 부정의 뜻으로 不是"를 나타낸다.

27　女：哎，你看！他们唱得多好听啊。

　　男：我不喜欢听歌，**换个台吧**，看看有没有足球比赛什么的。

问：他们在做什么？

A. 在剧场看节目   B. 在音乐厅听音乐

C. 在电影院看电影   **D. 在家看电视**

看电视"常常要用 台"、 频道"。

台"나 频道"은 채널을 말하므로 看电视"와 관련 있다.

---

28 女：现在就堵车堵得这么厉害，上下班时间还不知怎么样呢！

  男：每天**上午的这个时间**最堵，中午和下午还可以，晚上就好了。

  问：现在是什么时间？

  A. 上下班时   **B. 上午**

  C. 中午和下午   D. 晚上

29 女：春节咱们去北京旅行怎么样？回来时还可以顺路去天津。

  男：去北京还**不如去杭州**呢，那儿暖和多了。

  问：男的想去哪儿旅行？

  A. 北京   B. 天津

  C. 杭州   D. 都去

A 不如 B

意思是 B更好"，例如，跑步还不如爬山呢。

A 不如 B 형식은 B가 더 좋다"는 뜻을 나타낸다.
跑步还不如爬山呢。(달리기는 등산만 못하다=등산이 달리기보다 더 좋다)

---

30 女：你家在外地，你常回家吗？

  男：虽然工作很忙，但我还是**时常回**去看看。

  问：男的是什么意思？

  A. 不一定回家   B. 不经常回家

  C. 常常回家   D. 不能回家

副词 时常"就是 常常"、 经常"的意思。
부사 时常은 常常"，经常"의 뜻이다.

31　女：客人都来了，你怎么连房间也不收拾一下？

　　　男：别着急，我马上就去。

　　　问：女的是什么态度？

　　A. 担心　　　　　　　　　　B. **不满意**

　　C. 怀疑　　　　　　　　　　D. 高兴

怎么"可以表示不满意、埋怨的语气。例如：你怎么总是忘记带钥匙？

怎么"은 불만족이나 원망의 어기를 나타낼 수 있다.

你怎么总是忘记带钥匙？(너 어째서 항상 열쇠 가져오는 것을 잊는 거니?)

32　女：这条黑色的长裤不错，很适合你。

　　　男：那条黑色的给我试试，好吗？

　　　问：男的是什么人？

　　A. 丈夫　　　　　　　　　　B. **顾客**

　　C. 朋友　　　　　　　　　　D. 爸爸

从对话的内容可以知道，女的是售货员，男的顾客

대화내용에서 여자는 판매원이고 남자는 고객임을 알 수 있다.

33　女：我们**刚要**出门，你再晚来10分钟，你就见不到我们了。

　　　男：看来我很幸运。

　　　问：男的怎么样？

　　A. 来得太晚　　　　　　　　B. 来得太早

　　C. **来得正好**　　　　　　　D. 来晚了一点

正好"表示不早不晚，事情发生的时间很巧。

正好"는 일이 이르지도 늦지도 않게 때마침 발생됨을 나타낸다.

34　女：你参加明天的篮球比赛吗？

　　　男：**我打羽毛球还可以，**足球乒乓球就不行，篮球就更不行了。

　　　问：男的什么好？

A. 羽毛球　　　　　　　　　　　　B. 篮球

C. 足球　　　　　　　　　　　　　D. 乒乓球

35　女：你的病刚好，我看明天爬山你就不要去了吧！

　　　　男：明天我**非去不可**。我的作业都做好了。

　　　　问：男的想怎么样？

　　　　A. 不可以去爬山　　　　　　B. **一定要去爬山**

　　　　C. 一定要做作业　　　　　　D. 不愿意做作业

　　　　非……不可"意思是一定要。

　　　　非……不可"은 반드시 ~해야 한다"라는 뜻이다.

36　女：前两天你都不在家，你去哪儿了？

　　　　男：我去西安旅行了，**3号去的**，**在西安呆了一个星期**，今天才回来。

　　　　问：今天可能是几号？

　　　　A. 2号　　　　　　　　　　B. 3号

　　　　C. 7号　　　　　　　　　　D. 10号

37　男：今天晚上有好电影，咱们去看吧？

　　　　女：看什么看啊，**后天就要期末考试了**。

　　　　问：女的是什么意思？

　　　　A. **她要准备考试**　　　　　　B. 她觉得电影不好

　　　　C. 她不参加考试　　　　　　D. 她不喜欢看电影

　　　　后天就要期末考试了"意思是她要准备复习期末考试，所以不能去看电影。

　　　　后天就要期末考试了"의미는 그녀가 기말고사 준비를 해야하므로 영화를 보러가지 못한다는 것을 말한다.

38　女：爸爸，我想先看完电视再做作业。

　　　　男：今天你有那么多的作业，还想看电视？

　　　　问：男的是什么态度？

　　　　A. 同意　　　　　　　　　　B. 原谅

C. 反对   D. 同情

39 女：真讨厌，我的同屋常常听音乐，从来也不收拾宿舍。

男：是啊，这样的人谁喜欢和她一起住啊？

问：男的是什么意思？

A. 她的同屋是谁   B. 她喜欢谁

C. 她的同屋不好   D. 她应该喜欢同屋

谁喜欢和她一起住啊？"意思是这样的人不好，没有人喜欢和她一起住，

谁喜欢和她一起住啊？"의 의미는 음악이나 듣고 방정리는 하지 않는 그런 그녀와 함께 살기를 원하는 사람은 아무도 없다는 것을 말한다.

40 女：我们先去书店，然后再去饭店吃北京烤鸭好吗？

男：**我听你的。**

问：男的是什么意思？

A. 让女的决定   B. 想听女的声音

C. 听了以后才知道   D. 想吃别的东西

我听你的"意思是 你决定吧，我没关系。"

我听你的"은 네가 결정해, 난 상관없어"라는 의미이다.

41 女：你家的**老大**真不错，考上了那么有名的大学。

男：他**弟弟**更有希望呢。

问：他家至少有几个孩子？

A. 一个   **B. 两个**

C. 三个   D. 四个

中国家庭孩子的排列顺序是：老大、老二、老三……老小。这句话中有 老大"和 弟弟"，所以他们家至少有两个孩子。

중국 가정에서 자녀의 순서는 老大, 老二, 老三……老小의 순으로 배열한다. 여기 지문에서 老大"와 弟弟"가 나온 것으로 보아 그 집에는 적어도 두 명의 자녀가 있음을 알 수 있다.

42 女：没想到汉城的夏天**挺凉快**的。

男：**可不是嘛**。

问：男的觉得汉城的夏天怎么样？

A. **不热**   B. 比较热

C. 很热   D. 不凉快

可不是"、" 是啊"的意思表示同意。

可不是"와 " 是啊"는 동의를 표시한다.

---

43 女：我上午一直给他家打电话，可是总没人接。

男：谁知道他去哪儿了，**他不是有手机吗**？

问：男的是什么意思？

A. 问问谁知道   B. 他没有手机

C. **给他打手机**   D. 去找手机

不是……吗？" 是反问句，意思是" 是……"。例如，" 你不是北大的学生吗？"意思是" 你是北大的学生。"" 他不是有手机吗？"意思是" 他有手机，你可以打他的手机"。

不是……吗？"은 반문구문으로" 是……"의 뜻이다. 예를 들어," 你不是北大的学生吗？(너 북대 학생 아니니?)"은" 너는 북대 학생이다"," 他不是有手机吗？(그가 핸드폰을 가지고 있지 않니?)"는" 그가 핸드폰을 가지고 있으니 네가 그 사람 핸드폰으로 걸어도 된다"의 의미를 나타낸다.

---

44 女：人**拍**得挺不错的，就是**光线**有点暗。

男：你不喜欢用**闪光灯**吗？

问：他们在谈论什么？

A. 长相   B. 灯光

C. 爱好   D. **照片**

从" 拍"、" 光线"、" 闪光灯"可以知道他们在评价照片拍的情况。

拍(찍다)"," 光线(빛)"," 闪光灯(후레쉬)"에서 사진 찍은 것을 평가하고 있음을 알 수 있다.

┃第三部分┃

(一) 一个周末的晚上，外面下着大雪。韩中英一个人坐在宿舍里正在认真地听录音，做练习。**为准备参加下周的HSK考试。**这时候电话铃突然响了，韩中英赶紧放下手里的笔，跑过去接电话。"喂，你好！你是李小明吗？"，"我的同屋不姓李啊，**你打错了吧？**""哦，**这里不是502房间**，这里是506房间。"

---

1   问：韩中英正在准备下周的什么？
     A. 做练习   B. 听录音
     C. HSK考试   D. 接电话

2   问：这个电话是找谁的？
     A. **李小明**   B. 韩中英的同屋
     C. 韩中英   D. 李小明的同屋

3   问：从对话中我们知道？
     A. 电话很忙   B. 电话打不通
     C. **电话打错了**   D. 我听不懂

(二) A. ：王小力同学，你昨天为什么不来上课，也没请假？

     B. ：啊，我……生病了。

     A. ：可是**同学都说看到你在操场上踢足球。**

     B. ：我没有踢球，我……我真的病了。

     A. ：这太不像话了吧，你不但没请假，**还骗人。**下课以后到我办公室去。

---

4   问：王小力为什么不上课？

A. 病了　　　　　　　　　　　B. **去踢球了**

C. 不想上课　　　　　　　　　D. 去看踢球了

5　问：王小力有什么不对的地方？

A. 喜欢踢球　　　　　　　　　B. 生病了不休息

C. **说假话**　　　　　　　　　　D. 太听话了

"骗人"的意思就是 "说假话"。

"骗人"는 "거짓말을 하다"의 뜻이다.

（三）　今天一位刚从大学毕业的年轻女老师开始给我们班上课，学生们**想试一下新来的教师脾气怎么样**。于是他们在上课之前，故意在教室前面**烧了几张旧报纸**。结果，新来的教师刚走进教室，就被烟弄得又咳嗽又流眼泪。但是让学生的感到吃惊的是，这位年轻、漂亮的女老师**一点也没有生气，还笑着说**："同学们，你们好!谢谢你们对我像火一样的热烈欢迎!"。学生们听了老师的这些话，都不好意思地低下了头。

6　问：学生们想试新来的老师什么？

A. 能力　　　　　　　　　　　B. **脾气**

C. 长相　　　　　　　　　　　D. 爱好

7　问：学生们用什么方法试试新来的老师？

A. **烧旧报纸**　　　　　　　　　B. 烧旧杂志

C. 放鞭炮　　　　　　　　　　D. 烧柴火

8　问：这位女老师脾气怎么样？

A. 不好　　　　　　　　　　　B. 很差

C. 一般　　　　　　　　　　　D. **很好**

(四)　我来韩国已经4个月了，我住在首都汉城。我开始慢慢地习惯了这里的生活了。**我最喜欢的是这里的天气**，夏天不那么热。冬天虽然比**上海**冷，但是房间里很暖和。还有我最喜欢的是汉城的山，周末的时候**我常常和我的学生一起去爬山**。我觉得韩国的菜也比较好吃，不油腻。我还想在这里呆8个月，我想那时候我可以说一点韩语了。

9　　　问：她从哪儿来？
　　　　A. 汉城　　　　　　　　　　　　B. 北京
　　　　C. 香港　　　　　　　　　　　　D. **上海**

10　　　问：她最喜欢的是这里的什么？
　　　　A. 汉城的山　　　　　　　　　　B. **汉城的天气**
　　　　C. 韩国菜　　　　　　　　　　　D. 学习韩语

11　　　问：她是做什么的？
　　　　A. **老师**　　　　　　　　　　　B. 学生
　　　　C. 厨师　　　　　　　　　　　　D. 运动员

12　　　问：她韩语说得怎么样？
　　　　A. 说得很好　　　　　　　　　　B. 会说一点
　　　　C. 说得不好　　　　　　　　　　D. **不会说**

(五)　**我是一名初中生**，我每天的生活比较简单，但我却努力想办法去适应它，并且**慢慢地喜欢上了这样的生活**。为什么？因为我**打算做一个好学生**，希望将来成为一个出色的男人。我每天六点起床、洗脸刷牙后，就开始读20分钟英语，**七点半我就去上学**。下午4点放学后，我哪儿也不去，从来不去游戏房打游戏，只是**有时和同学打球**，然后就回家做作业。我们一般在七点钟吃晚饭，8点我就开始预习和看课外书，11点**睡觉前我都要听半小时英语录音**。

13 问：他觉得现在的生活怎么样？

    A. 很丰富   B. 没意思

    C. 开始喜欢了   D. 没办法

14 问：他现在是一个什么样的人？

    A. 很努力的中学生   B. 很出色的男人

    C. 不努力的中学生   D. 很努力的男人

15 问：他几点去上学？

    A. 6点   B. 6点20分

    C. 7点20分   D. 7点30分

16 问：下午放学以后他有时候做什么？

    A. 去什么地方   **B. 打球**

    C. 做作业   D. 打游戏

17 问：每天睡觉以前他都要做什么？

    A. 听英语   B. 做作业

    C. 预习   D. 看书

（六） 我们这个小城市的交通虽然不如首都方便，但是最近几年发展的速度很快，增加了好几路公共汽车，小城市的人口也没有首都那么多，所以虽然没有地铁，但是**坐车还是比较容易**。但是，和大城市比起来，小城市的商业不那么发达，**商店的东西不如大城市的多**，有的东西在这里买不到。

---

18 问：关于这个城市我们知道什么？

    A. 人口很多   B. 地铁不多

    C. 坐车比较容易   D. 交通比首都方便

19 问：这个小城市商店的东西怎么样？

A. **比大城市的少**　　　　　　　　B. 比大城市的多

C. 和大城市的差不多　　　　　　　D. 什么东西都买不到

（七）　有人做过这样的研究，如果有100个停车位，给美国人停车，可以停80辆，因为美国人的汽车比较大；如果给**德国人停车**，**正好可以停**100辆，这是由于德国人做事情最严谨、最守纪律；给日本人停就可以停120辆，这可不是因为日本人比德国人更守纪律，只是因为**日本的车子大多数都比较小**；而如果**给法国人停车只可以停2辆**，因为在两个出口各停一辆，别的车子就别想再进去了！

---

20 问：如果把100个车位给德国人，可以停多少辆？

A. 80辆　　　　　　　　　　　　　B. 100**辆**

C. 120辆　　　　　　　　　　　　D. 2辆

21 问：同样的100个车位，为什么日本人比美国人停得多？

A. **日本的车比较小**　　　　　　　B. 日本的车比较少

C. 日本人很会停车　　　　　　　　D. 美国人随便停车

22 问：哪个地方的人停车最少？

A. 美国人　　　　　　　　　　　　B. 德国人

C. **法国人**　　　　　　　　　　　D. 日本人

（八）　山田打算坐火车去北京看一个老朋友，这将是他第一次在中国坐火车，**以前他**去别的地方旅游**都是坐飞机的**。这次他要体验一下中国的火车。一来**看看路上的风景**；二来在火车上和中国人聊天。他去订票处预订火车票。他告诉售票员，他要订一张23日到北京的硬卧，最好是晚上上车，第二天早晨到的车次。**因为他的朋友当天下午从日本到北京**，他得去机场迎接。售票员向他介绍

说，一共有两趟到北京的特快：一趟是T14次，是晚上6点从上海开车，第二天早上8点到北京；另一趟车是T22次，晚上8点发车，第二天早上10点到北京。这两趟车都是新空调特快车，票价差不多。**山田希望早点儿到北京**，所以要T14次硬卧两张。售票员照顾他，特地给了他一张下铺。

23　问：山田以前出去旅游一般坐什么？

    A. 火车　　　　　　　　　　　　B. **飞机**

    C. 轮船　　　　　　　　　　　　D. 长途汽车

24　问：山田为什么要坐火车去北京？

    A. 没坐过火车　　　　　　　　　B. 坐火车便宜

    C. **欣赏路上的风景**　　　　　　D. 火车有卧铺

25　问：山田的朋友什么时候到北京？

    A. 23日下午　　　　　　　　　　B. 23日晚上

    C. **24日下午**　　　　　　　　　　D. 24日晚上

26　问：山田为什么选择T14次列车？

    A. 速度更快　　　　　　　　　　B. **到达北京比较早**

    C. 有下铺　　　　　　　　　　　D. 是新空调列车

（九）　这个小胖子的名字叫王瑞，**上初中的时候**坐在我前面，每天他总是十分"准时"地在老师叫"上课"的时候冲进教室。他那乱糟糟的书包里总是塞着个大面包，**趁老师回头在黑板上写字的时候，他就抓起面包往嘴里塞**。一节课老师只要写几次黑板，下课时我们就看不到那个大面包了。课间休息的时候，**他又会从小卖部捧回一大堆牛肉干、火腿肠**，按他的话说是"课间餐"。会吃、会睡，又长得胖乎乎的，于是我们都叫他小胖子。

27 问：这个小胖子是干什么的？

A. 老师   B. 大学生

C. 高中生   D. **初中生**

28 问：小胖子叫什么名字？

A. 汪累   B. 万来

C. **王瑞**   D. 黄瑞

29 问：小胖子什么时候吃面包？

A. 进教室的时候   B. 下课以后

C. **老师回过头写黑板的时候**   D. 早上上学以前

30 问：课间吃的牛肉干、火腿肠是从哪儿来的？

A. 妈妈送来的   B. **小卖部买来的**

C. 从家里带的   D. 超市买的

(十) 男：这两天天气一下子**暖和**起来了。

女：是啊，今天我看见马路两边儿的树都开始**长树叶了**。**春天终于来了。**

男：听说北京的秋天最美，是吗？

女：我可不这样想。我喜欢春天，你看草也绿了，树也绿了，花儿也开了，多漂亮呀。我觉得春天不但美丽，而且充满着希望。

男：**秋天不也挺好吗？树叶由绿变黄、变红，十分美丽。**秋天不冷也不热，很舒服啊！

女：美倒是美，**可秋天之后马上就是寒冷的漫长的冬季了，**我特别怕冷。

男：呵呵，原来是这样啊。

---

31 问：现在是什么季节？

A. **春天**   B. 夏天

C. 秋天   D. 冬天

32 问：女的为什么不喜欢秋天？

    A. 秋天不美   B. 秋天比较冷

    C. 秋天常常下雨   **D. 秋天过后就是冬天**

33 问：男的认为秋天怎么样？

    A. 不太好   **B. 树叶黄了**

    C. 很美也很舒服   D. 有时冷有时热

（十） 我的舅舅在北京市**工商局工作**，是一位科长，可是每月的工资**连四位数都不到**，他没有一点怨言，一直努力地工作着。一天舅舅去农贸市场检查商品，忽然发现几个人很慌张地在卖茅台酒。舅舅根据他多年的工作经验，看出来他们不是好人。舅舅在出示了工商局的证件后，让他们带着酒到工商局去检验。过了一会儿，检验结果出来了，**那帮人卖的果然是假酒**，这只是最便宜的白酒，一瓶最多不到5元，而一瓶茅台酒要300多元一瓶呢。舅舅气得一拍桌子说："必须按照法律严肃处理！"

---

34 问：我舅舅是做什么的 ？

    A. 工商局科长   B. 工商处处长

    C. 工商局局长   D. 工商局职员

35 问：我舅舅的每月工资是多少？

    A. 1000元   B. 1000元以上

    C. 1000元以下   D. 1500元

36 问：那几个人为什么神色慌张？

    A. 不会做生意   B. 在偷东西

    C. 在检验白酒   **D. 在卖假酒**

(十一) **早餐质量的好坏与工作、学习的效果有很大的关系**。到午餐前，人们将需要工作、学习达4-5个小时，科学的早餐不仅可使人的体力充沛，很好地工作，而且还可以提高记忆力。有一项研究表明，不吃早餐的学生，他们的记忆能力、语言能力以及创造性都不如吃早餐孩子。所以，早餐千万不能马马乎乎。但是在生活中，人们的早餐已成为一个严重问题。1999年我在一所中学做过一个调查：中学生中，**约60%的孩子能吃早饭，其余的孩子因为起床太晚了，来不及上学，有时吃有时不吃**。约有24%的学生在上第三、四节课时都感到很饿，这说明不少孩子早餐的量和质都不能满足他们的需要。这样下去，健康就会受到影响。

37　问：这段短文主要介绍的是？

　　A. 早餐应该吃什么　　　　　　　B. 怎样做好的早餐

　　C. 早餐的质量很重要　　　　　D. 中学生吃早餐的情况

38　问：对中学的这一调查表明大约多少中学生有时不吃早饭？

　　A. 24%　　　　　　　　　　　　B. 40%

　　C. 60%　　　　　　　　　　　　D. 50%

39　问：有的学生为什么不吃早饭？

　　A. 早饭不好吃　　　　　　　　　B. 学校没有早饭

　　C. 早上没有时间　　　　　　　D. 早上不饿

(十二) 听众朋友们，大家好。现在预报本市城市天气预报。今天夜间到明天白天，本市阴到多云。今天**夜间，阴有小雪，风力3级，最低气温零下9度**。明天白天转多云，北到东北风4到5级，最高气温3度。本市明天开始，三天内天气以**晴为主**，降水概率为0。

这是五号预报员向您预报的，欢迎您下次收听。

40 问：这可能是什么季节的天气预报？

A. 春天

B. 夏天

C. 秋天

D. **冬天**

41 问：夜间的风力是多大？

A. **3级**

B. 4级

C. 5级

D. 9级

42 问：本市后天的天气大概怎样？

A. 阴有小雪

B. 阴到多云

C. **晴天**

D. 下雨

(十三) 胡强是一个喜欢拉琴的年轻人，所以**他到美国去学习和提高**。可是他刚到美国时，却必须到街头拉小提琴卖艺来赚钱。胡强很幸运认识了一位的黑人琴手，他们一起到得到一个最能赚钱的好地方一家商业银行的门口。胡强赚到了不少钱以后，就和黑人琴手分开了，**因为他想去大学学习**。后来他把全部的时间用到提高音乐水平和小提琴技术中去。

十年后，有一天胡强路过那家商业银行，发现以前的那个黑人朋友，还在那里拉琴。黑人琴手看到胡强十分高兴地问："老朋友啊，你现在在哪里拉琴？"胡强回答了一个很有名的音乐厅名字，但是黑人琴手却问那音乐厅门前也很好赚钱吗？**他哪儿知道现在的胡强已经是一位国际著名的音乐家了**。

---

43 问：胡强到美国的目的是什么？

A. 拉琴赚钱

B. **提高小提琴技术**

C. 得到大学文凭

D. 找一个好工作

44 问：为什么胡强赚了不少卖艺钱后与黑人琴手分开了？

A. 他想去赚钱更多的地方

B. **他想进大学学习**

C. 他想去找拉琴技术高的同学

D. 他和黑人琴手有矛盾了

45 问：十年以后，黑人琴手见到了胡强，知道他成为一名什么样的人了吗？

    A. 知道他在一个有名的音乐厅前拉琴   B. 知道他是一位有名的音乐家

    C. 不知道他是一位有名的音乐家   D. 不知道他现在拉小提琴

哪儿知道"的意思是 不知道"。

我哪儿知道你会来啊？(我不知道你会来。)

哪儿知道"은 不知道"의 뜻이다.

我哪儿知道你会来啊？(네가 오는 줄을 내가 어떻게 알아？ — 나는 네가 올줄은 몰랐다.)

(十四) 在一家食品店里女售货员张华正在忙着给顾客服务，一位黄头发、蓝眼睛的外国人用不标准的汉语说："小姐，请把那个**景泰蓝花瓶**给我看看"。张华微笑着递给了他，他挑来挑去，最后选中了一个精巧的玉制花瓶。这位外国人拿出钱包付了钱，当张华转身将钱放进柜台回过头来，发现这位老外**把他带的数码照相机忘在了柜台上**。张华很着急，她和旁边的柜台售货员打了一个招呼，拿着照相机跑了出去。跑出商店大门**哪有那位外国人的影子啊**！

46 问：这位外国人在买什么？

    A. 花篮   **B. 花瓶**

    C. 照相机   D. 景泰蓝

47. 问：这位外国人把什么忘在柜台上了？

    A. 照相机   B. 钱

    C. 钱包   D. 篮子

48 问：张华追出去看见那位外国人吗？

    A. 看见他的影子   B. 看见他的背影

    C. 看见他已走远了   **D. 没看见他**

(十五) 暑假里爸爸妈妈上班去了，我和哥哥留在家。作业一会儿就写完了，我们不知道再干点儿什么。哥哥要看电视，**我想玩电脑，因为电脑里有许多游戏。**"你会开机吗"？哥哥问我。我笑着对他说："每次爸爸开机我都偷偷的记下了"。我学着爸爸的样子打开电脑。嘿！还真的找到了赛车游戏。于是我就和哥哥开心地玩了起来。门响了，爸爸妈妈下班回来了，我想赶紧关上电脑。糟糕，我忘记学关机了。爸爸进来看见后并没有说我，而且还教会了我关机。爸爸告诉我学习**不应该一知半解。**这次我懂得了，学习不但需要认真，而且还需学习彻底。

49　问：做完作业后我为什么想玩电脑？

　　A. 可以看电视　　　　　　　　B. **可以打游戏**

　　C. 想学会开电脑　　　　　　　D. 想学关电脑

50　问：说话人说的成语"一知半解"的意思是什么？

　　A. 都知道了　　　　　　　　　B. 知道很多

　　C. **只知道一半**　　　　　　　D. 知道得很少

(十六) 上海电视台10月11日消息：今年国庆长假，不少中青年人不是出去旅游，不是走亲访友，也不是逛商店购物，**而是选择在家休息。**他们认为平时工作太忙，没有自由放松的时间，长时间高效率的工作状态，使他们大多数人**感觉疲劳。**难得有连续七天的休息，使他们有机会调整一下身体的过度疲劳，更重要的是，让身心得到放松，让身体得到恢复。进入二十一世纪，除了追求穿好衣、吃饱饭之外，**做个健康的现代人**更成为人们关注的重要课题。

51　问：与往年不同今年国庆节不少人是怎么度过的？

　　A. 外出旅游　　　　　　　　　B. 走亲访友

　　C. 逛街购物　　　　　　　　　D. **在家休息**

52   问：现代人普遍存在的问题是：

    A. **太疲劳**   B. 太放松

    C. 不愉快   D. 效率太高

53   问：作者认为新世纪人们最关心的是：

    A. 穿好衣服   B. 吃饱饭

    C. **做个健康的人**   D. 做个现代的人

语法结构注释

|第二部分|

4 根据统计，我市各类学校已有7895_____。

    A. 家   B. 户

    C. 座   D. 所

> 学校"的量词可以是 所"，一所学校。
>
> 学校"의 양사는 所"이다.

7 她是我们上_____运动会上1500米的长跑冠军呢。

    A. 届   B. 项

    C. 家   D. 所

> 名量词 届"是说明周期性事件的次或期。第十届校运会、六届二中全会、历届人大代表、88届毕业生。
>
> 届"은 주기적인 사건의 횟수나 어떤 시기를 구분하는 명량사이다.
> 第十届校运会(제10회 교내운동회)，六届二中全会(제6회 2차 중앙대표회의)，88届毕业(88회 졸업생)

8 有的人到了周末只吃两_____饭。

    A. 回   B. 个

    C. 顿   D. 份

> 顿"可以用于吃饭、劝说、打骂等行为的次数。如：一天三顿饭、骂了他一顿、批评了一顿、一顿毒打、顿顿吃肉
>
> 顿"은 식사나 권유, 때리거나 욕을 하는 등의 행위를 세는데 사용한다.
> 一天三顿(하루 세끼 식사)，骂了他一顿(그에게 한차례 욕을 했다)，批评了一顿(한차례 꾸짖었다)
> 一顿毒打(한차례 심한매질)，顿顿吃肉(끼니마다 고기를 먹다)

9 在这一大把花里面我最喜欢这_____白玫瑰了。

    A. 颗　　　　　　　　　　　　　　　B. **朵**

    C. 粒　　　　　　　　　　　　　　　D. 块

> 花的量词可以是 朵"(duǒ),白玫瑰是花所以要用 朵"。 颗"和 粒"都指颗粒状物,多用于圆形或粒状物,如 糖、药片、豆子……"。
>
> 꽃을 세는 양사는 朵"(duǒ)이다. 백장미는 꽃이므로 朵"를 사용한다. 颗"와 粒"은 모두 과립형태를 가리키는 것으로 둥근것이나 과립형 모양에 많이 사용된다. 糖(사탕), 药片(약), 豆子(콩)…….

11 这是一_____开往广州方向去的火车。

    A. 节　　　　　　　　　　　　　　　B. **列**

    C. 架　　　　　　　　　　　　　　　D. 艘

> 列"有排列的意思,所以一列火车,也可称做列车。
>
> 列"는 배열의 뜻이 있어 "一列火车"로 사용하며 열차를 말하기도 한다.

12 你也真是的！怎么能用这_____生了锈的刀来切菜呢？

    A. **把**　　　　　　　　　　　　　　B. 张

    C. 条　　　　　　　　　　　　　　　D. 件

> 量词 把"可以用于有柄的器具,一把刀、一把雨伞、一把勺子、一把钥匙。
>
> 양사 把"는 손잡이가 있는 기구에 사용한다.
> 一把刀(칼), 一把雨伞(우산), 一把勺子(국자), 一把钥匙(열쇠)

13 墙上挂了好几_____中国的山水画,给房间增加了情调。

    A. 份　　　　　　　　　　　　　　　B. **幅**

    C. 个　　　　　　　　　　　　　　　D. 片

> 幅"可以作为长条或方形东西的量词,如：一幅画、一幅照片、一幅对联。
>
> 幅"은 긴 것이나 사각 형태의 물건을 세는 양사이다. 一幅画(그림), 一幅照片(사진), 一幅对联(대련)

15 这_____镜子不太清楚，你得擦一擦了。

A. 张

B. 片

C. 幅

D. **面**

常用量词 副"有时候表示一套，如:一副麻将、一副象棋；有时候表示一双，如:一副眼镜、一副手套；有时候和 "一张"的用法一样，如：一副嘴脸，一副笑脸。

副"은 셋트나 쌍을 나타낸다.
一副麻将(마작),一副象棋(장기)/一副眼镜(안경),一副手套(장갑)
어떤 경우에는 "一张"용법과 같다.
一副嘴脸(용모), 一副笑脸(웃는 얼굴)

16 他这_____可恶的乌鸦嘴啊，什么时候能说出好听的话呢？

A. 张

B. 口

C. 句

D. 只

常用量词 张"用法比较复杂，常用的有 "一张报纸、一张嘴、一张脸、一张桌子、一张床"。

양사 张" 의 용법은 비교적 복잡하다. 자주 사용하는 예는 다음과 같다:
一张报纸(신문),一张嘴(입),一张脸(얼굴),一张桌子(탁자),一张床(침대)

17 在我们的大院里一共住着三_____ 人家。

A. 户

B. 口

C. 位

D. 楼

住户和人家，一家称为一户，一户人家。

가구 세대와 집안의 경우 한 가구를 "一户"로 말하고 "一户人家"로 사용한다.

18 在父母的教育_____，他从小就立下了人生目标。

A. 下

B. 上

C. 中

D. 里

在…＋动词…下，……

常用的固定搭配，一般后面的动词有：在……教育下、在……领导下、在……培养下、在……帮助下、在……影响下等。

在…＋동사…下，……

이것은 고정형식으로 결합되는 동사는 다음과 같다.
在……教育下, 在……领导下, 在……培养下, 在……帮助下, 在……影响下

19 这位老板看上去很年轻, 好象只有30 岁_____。

A. 前后
B. 上下
C. 里外
D. 大约

> 上下：多用于表示年龄、高度和重量的数量的概数。五十岁上下 ／ 一米上下 ／ 60公斤上下
>
> 上下"는 주로 연령이나 높이, 무게의 대략적인 수를 표현하는데 사용된다.
> 五十岁上下(50세 정도), 一米上下(1미터 정도), 60公斤上下(60킬로그램 정도)

20 我去年春天去过韩国的济洲岛, 那儿的景色真是_____ !

A. 太美
B. 太美了
C. 太漂亮
D. 太漂亮极了

> 太 + 形容词 + (了)
>
> 有时表示程度很高, 比如：太美了、太棒了、太好了；有时候表示不合乎理想的标准、不满意, 比如：太小了、太胖了、太窄了、太累了、太忙了。
>
> 太 + 형용사 + (了)
>
> 정도가 높음을 나타내기도 하고, 이상적인 기준에 부합되지 않아 만족스럽지 않음을 나타내기도 한다.
> 太美了(너무 아름답다), 太棒了(너무 대단해), 太好了(너무 좋아)
> 太小了(너무 작아), 太胖了(너무 뚱뚱해), 太窄了(너무 좁아), 太累了(너무 피곤해), 太忙了(너무 바빠)

21 我讲得_____, 让你们一定要写汉语名字。

A. 清清楚楚
B. 很清清楚楚
C. 清楚清楚
D. 不清清楚楚

> 有的形容词可以重叠 AABB式, 比如清清楚楚、干干净净、漂漂亮亮。但是有的形容词却不能重叠, 比如不能说：聪聪明明、美美丽丽。
>
> 형용사는 AABB 형식으로 중첩된다(예: 清清楚楚, 干干净净, 漂漂亮亮). 반면 중첩 할 수 없는 형용사들도 있는데 예를 들면 聪明"은 聪聪明明"으로, 美丽"는 美美丽丽"로 중첩시키지 못한다.

22 连续下了三天的大雪, 外面到处_____的 。

A. 很雪白雪白
B. 雪雪白白

168 | HSK 초·중등 유형별 연습

C. 白白雪雪　　　　　　　　　　　　　　D. **雪白雪白**

双音节形容词的重叠除了 AABB 的重叠形式以外，还有 ABAB，多数是用在颜色词上比如：雪白雪白、乌黑乌黑、金黄金黄、笔直笔直

2음절 형용사의 중첩은 AABB 의 중첩형식 외에 ABAB의 형식이 있는데 이것은 주로 색깔을 나타내는 어휘에서 사용한다.
雪白雪白/ 乌黑乌黑/ 金黄金黄/ 笔直笔直

25　　最近天气冷得_____，要注意加衣服。

A. 极了　　　　　　　　　　　　　　B. **厉害**

C. 比较　　　　　　　　　　　　　　D. 非常

形容词 + 得 + 厉害
表示程度很高，多表示不好的方面，比如：疼得厉害、饿得厉害

형용사 + 得 + 厉害
정도가 심함을 나타내며 주로 안 좋은 방면을 표현한다.
疼得厉害(지독하게 아프다), 饿得厉害(아주 많이 배고프다)

26　　听说上海浦东发展快得_____，今后是中国的金融贸易中心。

A. 厉害　　　　　　　　　　　　　　B. 极了

C. **不得了**　　　　　　　　　　　　D. 非常

形容词 + 得 + 不得了
表示程度很高，比如：贵得不得了、聪明得不得了。

형용사 + 得 + 不得了
정도가 높음(심함)을 나타낸다.
贵得不得了(엄청 비싸다), 聪明得不得了(엄청 똑똑하다)

27　　我就猜想你会忘记，你_____是忘记带了。

A. 竟然　　　　　　　　　　　　　　B. 突然

C. **果然**　　　　　　　　　　　　　D. 居然

副词 果然"表示确实如此,表示事实与所说或所料相符实如此,表示事实与所说或所料相符。反义词是 居然、竟然"。

부사 果然"은 확실히 그러하다'라는 뜻으로 어떤 사실이 말한바나 예상한 것에 부합됨을 나타낸다. 상대어는

29 他妻子是_____教育的，当然懂得该如何教育孩子了。

    A. 搞   B. 弄

    C. 做   D. 工作

> 动词 搞"的义项很多，其中有一个是表示 从事……工作"，搞体育、搞教育、搞电脑的。
>
> 동사 搞"의 의미는 많은데 그중 하나는 "일에 종사하다"라는 의미로 다음과 같이 사용된다:
> 搞体育的(체육에 종사하는 사람), 搞教育的(교육에 종사하는 사람), 搞电脑的(컴퓨터업에 종사하는 사람)

30 我们什么时候_____ 开学典礼？

    A. 发生   B. 举行

    C. 进行   D. 举办

> 举行"和 进行"不一样， 举行"后面的宾语可以是名词，也可以是动词，比如：举行运动会、举行比赛。 进行"后面的宾语只能是动词，可以说 进行比赛"，但是不能说 进行运动会"。
>
> 举行"과 进行"은 다르다. 举行"의 목적어는 举行运动会, 举行比赛" 처럼 명사나 동사가 올 수 있으나 进行"의 목적어는 동사만이 올 수 있다. 즉, 进行比赛"은 가능하나 进行运动会"로는 사용하지 못한다.

33 看书累了就_____音乐吧。

    A. 听听   B. 听了听

    C. 听听了   D. 听了

> 单音节动词的重叠可以是 AA，也可以是 A—A。看看、看一看，玩玩、玩一玩。
>
> 단음절 동사의 중첩형식으로 AA와 A—A 모두 사용될 수 있다.
> 看看, 看一看/ 玩玩, 玩一玩

34 昨天晚上我和他们_____我最近的情况。

    A. 谈谈   B. 谈一谈

    C. 谈了谈   D. 谈谈了

> 动作是发生在昨天晚上所以要用动态助词 了"。
>
> 동작이 어제 저녁에 발생되었으므로 동태조사 了"를 사용해야 한다.

35 这么乱的房间还不快_____，要不怎么接待客人？

A. 收收拾拾　　　　　　　　B. **收拾收拾**

C. 收拾一收拾　　　　　　　D. 收收拾

双音节动词的重叠只有一种重叠方式：ABAB，不能说 AB—AB．

2음절 동사의 중첩형식은 ABAB만 가능하고 AB—AB는 사용하지 않는다.

41 咱们_____快点走了，不然就要迟到了。

A. 能　　　　　　　　　　　B. **得**

C. 会　　　　　　　　　　　D. 愿意

能愿动词 得"(děi)的意思是 应该、该"。

능원동사 得" (děi)의 뜻은 应该、该(~해야 한다)"이다.

42 从杭州回来她感觉很累，可心里_____十分高兴。

A. 就　　　　　　　　　　　B. 还

C. 才　　　　　　　　　　　D. **却**

却"是表示转折的副词，虽然学了一年多汉语，可我却什么都听不懂。

却"은 전환을 나타내는 부사이다.
虽然学了一年多汉语，可我却什么都听不懂。(중국어를 일 년 넘게 배웠지만 나는 전혀 알아들을 수 없다.)

44 乐观的人_____都看起来比较年轻。

A. **往往**　　　　　　　　　B. 刚刚

C. 常常　　　　　　　　　　D. 仅仅

副词 往往"表示某种情况经常出现，与 常常"不同的是， 往往"是对于到目前为止出现情况的总结，有一定的规律性，不用于主观意愿。
胖人往往动作比较慢。
请你常常来我家。(不能说 请你往往来我家"。)

부사 往往"은 어떤 상황이 자주 출현하는 것을 나타낸다. 往往"이 常常"과 다른 점은 현재까지 나타낸 상황에 대한 종결로 일정한 규칙성이 있고 주관적인 염원이나 소원에는 쓰지 않는다는 것이다.
胖人往往动作比较慢。(뚱뚱한 사람은 동작이 보통 비교적 느리다.)
请你常常来我家。(우리집에 자주 놀러오세요- 请你往往来我家"로 말할 수 없다.)

45 今天实在太晚了，我们明天＿＿＿＿＿＿去好吗？

A. 又   B. 才

C. 更   **D. 再**

"再"和"又" "再"在表示动作重复或继续时，"再"用于未实现的，"又"用于已实现的。今天下午我又去找他了。

"再"와 "又"는 동작이 중복되거나 계속됨을 나타내는데 "再"는 아직 실현되지 않은 것에，"又"는 이미 실현된 사실에 쓰인다.
今天下午我又去找他了。(오늘 오후에 난 또 그를 찾으러 갔다.)

46 最近＿＿＿＿＿＿＿没见到老张，他是不是出远门了？

A. 老   B. 才

C. 常   D. 直

副词 老、老是"表示 总是、总、一直"，多用于口语。

부사 老, 老是"는 어째든, 줄곧"의 뜻으로 구어체에서 많이 사용한다

47 你借我的那500元钱，＿＿＿＿＿＿＿等下次来咱们见面时还给你。

A. 今后   B. 往往

C. 总是   **D. 回头**

副词 回头"过一段时间、以后少等一会儿。

부사 回头"는 시간이 지나서 혹은 나중에 좀 있다가"라는 의미이다.

48 在大学的这四年里，他虽然也打工，但是他＿＿＿＿＿＿＿努力地学习专业课。

A. 仅仅   B. 一时

C. 始终   D. 到处

副词 始终"表示从头到尾持续不变，和 "一直"的意思接近。

부사 始终"은 처음부터 끝까지 계속 불변함을 나타내며 "一直"의 뜻과 비슷하다.

49 没想到尹相圭比他哥哥＿＿＿＿＿＿＿聪明，考上了汉城大学最热门的专业了。

A. 不 B. 挺

C. 还 D. 很

A 比 B + 更/还 + 形容词

"弟弟比哥哥还聪明"的意思是 "哥哥聪明，弟弟更聪明"。

A 比 B + 更/还 + 형용사

"弟弟比哥哥还聪明"은 "형이 똑똑하지만 동생은 더 똑똑하다"라는 뜻이다.

50 她是_____不喝酒的，今天她也喝了一小杯。

A. 总是 B. 从来

C. 马上 D. 将来

副词 "从来"后面多有否定词 "不、没"。比如：我从来没看到过这么大的花。

부사 "从来"뒤에 주로 부정사 "不, 没"가 나온다.
我从来没看到过这么大的花。(나는 이제껏 이렇게 커다란 꽃을 본적이 없다.)

52 今天下午_____会下雨啊，你还是带把伞吧。

A. 害怕 B. 到底

C. 究竟 D. 恐怕

副词 "恐怕"的表示估计或者担心的可能性。

부사 "恐怕"는 예측이나 걱정의 가능성을 나타낸다.

54 你_____不能这么说，他还是帮了你很多忙的。

A. 要 B. 得

C. 可 D. 极

副词 "可"表示加强语气，一般是用在口语里。

부사 "可"는 어기를 강하게 하며 주로 구어체에서 사용된다.

72 你是喜欢中餐_____西餐？我可以根据你的口味去预定餐厅。

A. 还有 B. 要么

C. 或者　　　　　　　　　　　　D. 还是

> 还是"和 或者"都表示选择，但是 或者"是用在肯定句里， 还是"要用在疑问句或否定句中。
> 比如：或者你来，或者我去，都可以。
> 你来还是我去？
> 我不知道是你来还是我去。
>
> **还是"와 或者"모두 선택을 나타내며 或者"는 긍정문에서 还是"는 의문문이나 부정문에서 사용한다.**
> 或者你来，或者我去，都可以。(네가 오든 내가 가든 다 괜찮아)
> 你来还是我去？(너가 올래 내가 갈까?)
> 我不知道是你来还是我去？(내가 모르겠는 건 네가 오는 건지 내가 가는 건지야.)

75　老师常说，语法＿＿＿＿＿＿我们学习HSK很重要。

A. 关于　　　　　　　　　　　　B. 为

C. 使　　　　　　　　　　　　　D. 对

> 介词 对"表示动作的对象， 对……很重要"。
> 锻炼对身体健康很重要。
>
> **개사 对"는 동작의 대상을 표시하고 对……很重要"의 형식으로 쓰인다.**
> 锻炼对身体健康很重要。(체력단련은 건강에 있어 아주 중요하다.)

76　被车撞伤的人马上＿＿＿＿＿送进了医院。

A. 叫　　　　　　　　　　　　　B. 被

C. 把　　　　　　　　　　　　　D. 让

> 介词 被、叫、让、给"都可以表示被动，但是一般 叫、让"后面要有动作的施动者， 被、给"可以省略。
> 可以说 我的钱包被偷走了、我的钱包给偷走了，"或者 我的钱包叫小偷偷走了、我的钱包让小偷偷走了。"
>
> **개사 被, 叫, 让, 给"은 모두 피동을 나타낸다. 叫, 让"뒤에는 일반적으로 동작의 주체가 나와야 하나 被, 给"뒤에서는 생략할 수 있다.**

79　我们有来＿＿＿＿＿＿不同国家的学生共18人。

A. 从　　　　　　　　　　　　　B. 于

C. 自　　　　　　　　　　　　　D. 由

> 来自"后面可以带地点宾语。他来自欧洲，我来自亚洲。

来自"뒤에 장소를 나타내는 목적어를 수반한다.
他来自欧洲, 我来自亚洲。(그는 유럽에서 왔고 나는 아시아에서 왔다.)

80 工作这样大的事情还是要_____你自己决定。

A. 于   B. 从

C. **由**   D. 趁

由……决定", 中的介词 由"表示动作属于谁负责。
孩子由他母亲照顾。
今天房间该由你打扫了。
我们的工作由班长负责。

由……决定"에서 개사 由"는 동작이 누구의 책임에 속한 것인지를 나타낸다.
孩子由他母亲照顾。(아이는 그 남자 어머니가 돌본다.)
今天房间该由你打扫了。(오늘 방은 네가 청소해야 해.)
我们的工作由班长负责。(우리들의 일은 반장이 책임진다.)

81 他总是喜欢_____客人请到自己家中吃饭。

A. 替   B. 代

C. 向   D. **将**

介词 将"在这里的意思是 把"。

개사 将"은 여기서 파자구문을 이끌어내는 把"와 같다.

82 _____着这条路一直往前走就是我家了。

A. **顺**   B. 从

C. 于   D. 以

介词 顺"表示经过的路线, 后面常带 着"。
河水顺着山坡流了下去。

개사 顺"은 거쳐가는 길을 나타내며 뒤에 자주 着"를 수반하여 사용한다.
河水顺着山坡流了下去。(강물은 산비탈을 거쳐 흘러내려간다.)

83 如果你_____这样的方法去做, 可以节省很多时间。

A. 趁   B. 从

C. 照   D. 将

介词 照"表示按原来的样子或者某种标准去做，也可以说 按"。

개사 照"는 원래의 모양이나 어떤 기준에 따라 하는 것을 말하고 按"으로도 사용 가능하다.

84   李老师，金泰民让我代他＿＿＿＿＿＿您问好。

     A. 朝   B. 向

     C. 对   D. 往

介词 向"常常表示引进动作的对象，后面是指人的名词、代词。

向……学习	我们要向班长学习，多为班级做好事。
向……表示	他们向外国朋友表示欢迎。
向……借	我向老师借了三本书。
向……问	请向你父母问好。

개사 向"뒤에 사람을 가리키는 명사나 대명사가 나와 동작의 대상을 이끌어낸다.

向……学习	我们要向班长学习，多为班级做好事。(우리는 반장에게 배워야해, 반을 위해 좋은일 많이 하잖아.)
向……表示	他们向外国朋友表示欢迎。(그들은 외국친구들에게 환영을 표시한다.)
向……借	我向老师借了三本书。(나는 선생님께 책 세권을 빌렸다.)
向……问	请向你父母问好。(당신 부모님께 안부 전해드려 주세요)

85   你们快看那天边的晚霞有多美＿＿＿＿＿＿！

     A. 吧   B. 呢

     C. 吗   D. 啊

多……啊！

副词 多"表示程度很高。含有夸张语气和强烈的感情色彩。多用于感叹句中。

她是多好的老师啊！

你看你丈夫多爱你啊！

多……啊！

부사 多"는 정도가 높음을 표시한다. 과장된 어기나 강렬한 감정 색채를 내포하며 주로 감탄문에 사용된다.

她是多好的老师啊！(그녀가 얼마나 좋은 선생님인데!)

你看你丈夫多爱你啊！(네 남편이 얼마나 너를 사랑하는지 봐봐!)

87   我喜欢F4的电视剧，但＿＿＿＿＿F4的歌没有太大的兴趣。

     A. 关于   B. 对于

C. 由于   D. 和

介词 关于"和 对于"的用法有相同的，也有区别。 关于"表示关联、涉及的事物 ； 对于"指出对象。

关于(对于)这个问题，他们还要研究以后才能决定。

关于……"作状语，只用在主语前， 对于……"做状语，用在主语前后都可以。

对于中国历史，他知道得很多。

关于中国历史，他知道得很多。

*他关于中国历史，知道得很多。

개사 关于"와 对于" 용법의 차이점은 다음과 같다: 关于"는 관련되거나 언급되는 사물을 나타내고 对于"은 대상을 가리킴; 关于……"는 상황어가 되어 주어 앞에만 높이고, 对于……"는 상황어가 되지만 주어 앞뒤 위치에 모두 놓일 수 있음.

对于中国历史，他知道得很多。 (중국 역사에 대해 그는 아는 것이 많다.)

关于中国历史，他知道得很多。 (중국 역사에 대해 그는 아는 것이 많다.)

*他关于中国历史，知道得很多。 (×)

---

88   我们_____远处望去草地是一片雪白雪白的。

A. 往   B. 从

C. 给   D. 由

介词 往"表示方向，后面一般是方位词、处所词。和 向"一样。

개사 往"뒤에 주로 방위사나 처소사가 나와 방향을 나타낸다. 向"의 용법도 마찬가지이다.

---

92   老师常对我们说："你们要_____年轻抓紧时间学习"。

A. 借   B. 趁

C. 照   D. 由

介词 趁"表示利用条件或机会。 趁……"也可用在主语前。

这个菜趁热吃更好吃。

趁去上海出差的机会，我去看望了我的中国老师。

개사 趁"은 조건 혹은 기회를 이용하는 것을 나타낸다. 趁……"은 주어 앞의 위치에 놓이기도 한다.

这个菜趁热吃更好吃。 (이 음식은 뜨거울 때 먹어야 더 맛있다.)

趁去上海出差的机会，我去看望了我的中国老师。 (상해가는 출장기회를 이용해 나는 우리 중국선생님을 뵈러 갔었다.)

---

93   茅台酒产_____中国的贵州省，是中国最有名的白酒。

A. 来   B. 从

C. 由   D. 自

介词 自"是 从"的意思，书面语。可以用在动词前，也可以用在动词 产、来、出、抄 等后面。
他来自欧洲。
真不敢相信这么漂亮的字是出自他的手。

개사 自"은 从"의 뜻이며 서면어이다. 이것은 동사 앞에 놓일 수 있고, 产, 来, 出, 抄"뒤에 놓이기도 한다.
他来自欧洲。 (그는 유럽에서 왔어요.)
真不敢相信这么漂亮的字是出自他的手。 (이렇게 예쁜 글자가 그 남자 손에서 나왔다는 것이 정말 믿을 수가
없군.)

95   听说到了夏天的7月份这里热＿＿＿＿＿，平均温度是36度以上。

     A. 着呢   B. 呢

     C. 着   D. 死

着呢 用在形容词或状态动词后，表示肯定某种性质或状态，略有夸张意味。多用于口语。
西湖的景色漂亮着呢。
这条路窄着呢，我们的车过不去。

着呢"는 형용사나 상태동사 뒤에 놓여 어떤 성질이나 상태를 긍정하며 약간의 과장된 의미도 포함한다. 주로
구어체에서 많이 사용된다.
西湖的景色漂亮着呢。 (서호의 경치는 아름다운걸.)
这条路窄着呢，我们的车过不去。 (길이 좁네, 우리 차는 못 지나가.)

97   你别忘了你今天还没吃药＿＿＿＿＿。

     A. 了   B. 呢

     C. 吗   D. 过

(还)没……呢   注意不能用 了"。
他还没结婚呢。

(还)没……呢   에서 了"을 사용하지 않은 것에 주의한다.
他还没结婚呢。 (그는 아직 결혼 안 했어요.)

98   听说这家商店的东西＿＿＿＿＿多＿＿＿＿＿便宜。

     A. 只要……就……   B. 越……越……

     C. 既……又……   D. 只有……才……

既……又……"就是 又……又……"后面跟形容词或者动词。

既干净又整齐。
他既会写又会画。

既……又……"은 又……又……"와 같고 뒤에 형용사나 동사가 따라나온다.
既干净又整齐。 (깨끗하기도 하고 잘 정돈되어 있기도 하고.)
他既会写又会画。 (그는 쓸 줄도 알고 그릴 줄도 안다.)

99 _____明天天气不好，我们就不能去爬山了。

A. 要是　　　　　　　　　　　　B. 因为

C. 只有　　　　　　　　　　　　D. 虽然

要是……，(主语)就……

如果……，(主语)就……

它们都是表示假设。

要是有钱，我就去中国旅游。

如果我能通过HSK考试，就能被公司派到中国去工作。

要是……，(主语)就……

如果……，(主语)就……

이 두 형식은 모두 가설을 나타낸다.
要是有钱，我就去中国旅游。 (돈 있으면 난 중국여행 간다.)
如果我能通过HSK考试，就能被公司派到中国去工作。 (내가 HSK시험을 통과하면 회사에서 중국으로 파견되어 일할 수 있을 거야.)

101 他家不大，_____收拾得很整齐。

A. 不过　　　　　　　　　　　　B. 尽管

C. 就是　　　　　　　　　　　　D. 因此

连词 不过"也表示转折，比 但是、可是"轻，而且多用于口语。

접속사 不过"도 전환을 나타내는데 但是, 可是"보다는 어기가 가벼우며 주로 구어체에서 많이 쓰인다.

102 他酷爱音乐，_____喜欢古典音乐，_____喜欢流行音乐。

A. 因为……所以……　　　　　　B. 虽然……但是……

C. 不但……而且……　　　　　　D. 或者……或者……

不但……，而且(还、也、并且)……

不仅(仅)……，而且(还、也、又)……

前后连接两个并列的小句，都表示除了所说的意思以外，还有更进一层的意思。也可以连接并列的名词性成分或介词短语。

> 不但……，而且(还、也、并且)……
> 不仅(仅)……，而且(还、也、又)……

앞뒤로 연결된 두개의 병렬형 단문은 말한 내용에 한층 더 점층적인 의미를 나타낸다. 이때 명사성 성분이나 개사구를 병렬하여 연결한다.

103 _____到哪里，他都会带着一本《韩汉小词典》。

 A. 不管   B. 虽然

 C. 因为   D. 要是

> 不管(无论、不论)……，都(也)……

表示在任何情况下结果或结论都不变。
他不管每天工作多忙，都(也)要抽出时间学习汉语。
不管天气热不热，他都关着窗户。

> 不管(无论、不论)……，都(也)……

임의의 어떤 상황하에서 결과나 결론이 불변함을 나타낸다.
他不管每天工作多忙，都(也)要抽出时间学习汉语。(그는 매일 일이 얼마나 바쁘든지 간에 시간을 내서 중국어 공부를 할 것이다.)
不管天气热不热，他都关着窗户。(날씨가 더운 것과 상관없이 그는 항상 창문을 닫고 있다.)

106 周末，张明_____去喝酒，_____去游泳。

 A. 不是……就是……   B. 与其……不如……

 C. 先……于是……   D. 是……还是……

> 不是……，就是……

表示两种不同的选择中必然有一个。
这次被公司派到中国去工作的不是金顺利就是朴东锡

> 不是……，就是……

이 형식은 두 가지 다른 선택 가운데 하나는 반드시 있어야 한다는 것을 말한다.
这次被公司派到中国去工作的不是金顺利就是朴东锡。(이번에 회사에서 중국으로 파견되어 근무할 사람은 김순리 아니면 박동석이다.)

108 约翰喜欢吃中国饭，_____他口袋里有钱，他_____去饭馆大吃一顿。

 A. 一……就……   B. 只要……就……

C. 不管……也……   D. 除非……不然……

> 只要……，就……
>
> 表示必要条件，只要"可用在主语前或后。
> 只要我们打个电话，他们就可以把饭送来。
> 我们只要打个电话，他们就可以把饭送来。

> 只要……，就……
>
> 이것은 필요조건을 나타내고, 只要"는 주어 앞 혹은 뒤에 놓인다.
> 只要我们打个电话，他们就可以把饭送来。
> 我们只要打个电话，他们就可以把饭送来。
> (우리가 전화를 하기만 하면 그들은 식사를 배달해 올 것이다.)

112 这次考试他考得不好，_____他没有好好复习。

A. 可见   B. 所以

C. 为了   D. 如果

> 连词 可见"承接上文，表示可以作出判断结论。
> 她看起来那么年轻，可见她身体多好啊。
>
> 접속사 可见"은 앞문장을 받아 결론을 판단해 낼 수 있다.
> 她看起来那么年轻，可见她身体多好啊。(그녀가 그렇게 젊어 보이는 것으로 보아 건강이 얼마나 좋은지 알 수 있어.)

113 等了他半天都没到，_____我们再次打他的手机。

A. 要是   B. 而是

C. 于是   D. 就是

> 连词 于是"表示后一事承接前一事，后一事往往是由前一事引起的。有时可以在主语的后面。
> 在家休息了半个多月，于是我又恢复了健康。
> 在家休息了半个多月，我于是又恢复了健康。
>
> 접속사 于是"은 뒤에 나오는 일이 앞에 발생된 일에 이어진 것을 나타내며 뒤의 일은 종종 앞의 내용에서 야기된 것이다. 이것은 주어 뒤에 놓이기도 한다.
> 在家休息了半个多月，于是我又恢复了健康。
> 在家休息了半个多月，我于是又恢复了健康。
> (집에서 반달쯤 쉬었더니 건강이 회복되었다.)

116 要么明天，_____ 后天，咱们一块儿去郊游好吗？

A. 要么   B. 要是

C. 就是   D. 还是

> 要么……，要么……
>
> 表示两种不同的选择。
> 要么去杭州，要么去苏州，就这两个地方又近又好玩。
> 不是去杭州，就是去苏州，就这两个地方又近又好玩。

> 要么……，要么……
>
> 이 형식은 두 가지 다른 선택을 나타낸다.
> 要么去杭州，要么去苏州，就这两个地方又近又好玩。
> (항주를 가든지 소주를 가든지, 이 두 지역은 가깝기도 하고 놀기에도 좋다.)
> 不是去杭州，就是去苏州，就这两个地方又近又好玩。
> (항주를 가든지 아니면 소주를 가든지, 이 두 지역은 가깝기도 하고 놀기에도 좋다.)

---

117 不是我们不帮助她，_____ 她不愿意接受别人的帮助。

A. 还是   B. **而是**

C. 于是   D. 不是

> 不是……，而是……
>
> 表示否定前面的，肯定后面的。
> 不是我不想去，而是父母不让我去。

> 不是……，而是……
>
> 이것은 앞의 내용을 부정하고 뒤의 내용을 긍정한다.
> 不是我不想去，而是父母不让我去。 (내가 가고 싶지 않은 것이 아니라 부모님이 가지 못하게 하는 것이다.)

---

118 你_____已经来了，就多住几天再走吧。

A. 即使   B. 即便

C. **既然**   D. 虽然

> 既然……，就……
>
> 提出已经成为现实的或已肯定的前提，后一小句根据这个前提推出结论。
> 你既然有病，就在家休息几天吧

> 既然……，就……
>
> 이미 실현된 것이나 이미 확실한 전제를 언급하고 뒤의 단문은 이 전제를 근거로 해서 결론을 이끌어낸다.
> 你既然有病，就在家休息几天吧。 (너 병이 났으니 집에서 며칠 쉬어.)

---

119 _____你陪我一起去，我才去。

A. 除非　　　　　　　　　　　B. 只要

C. 否则　　　　　　　　　　　D. 除了

> 除非……，才……
>
> 强调某条件是唯一的先决条件。表示一定要这样，才能产生某种结果。
> 除非你同意，我才能参加。

> 除非……，才……
>
> 이것은 어떤 조건이 유일한 선결 조건임을 강조한다. 반드시 이래야만 어떤 결과가 생기게 됨을 나타낸다.
> 除非你同意，我才能参加。(네가 동의 해야지만 내가 참가할 수 있다.)

120 就是再大的困难，我们_____不能躲开。

A. 就　　　　　　　　　　　B. 又

C. 也　　　　　　　　　　　D. 还

> 就是……，也…… 和 即使……，也…… 一样
>
> 表示假设兼让步。
> 即使是小孩子，也明白这个道理。

> 就是……，也…… 와 即使……，也…… 는 같다.
>
> 이것은 가설과 양보를 나타낸다.
> 即使是小孩子，也明白这个道理。(어린애라 할지라도 이 규칙은 이해한다.)

124 不少人喜欢_____吃饭，_____看电视，其实这对身体不利。

A. 一面……一面……　　　　　B. 从……到……

C. 越……越……　　　　　　　D. 或者……或者……

> 一面……一面…… 和 一边……一边……
>
> 都表示两种以上的动作同时进行，用在动词前。

> 一面……一面…… 과 一边……一边…… 두 가지 이상의 동작이 동시에 진행됨을 나타내며 동사
> 앞에 놓인다.

125 我觉得我们_____星期六去，_____星期天去，你说呢？

A. 只要……就……　　　　　　B. 要么……要么……

C. 就要……就要……　　　　　D. 除非……才……

要么……，要么……

表示两种意愿的选择，带有商量的语气。

要么……，要么…… 원하는 두 종류의 선택을 나타내며 의논하는 느낌을 갖는다.

127 _____明天下雨，我们就得推迟旅游计划。

A. 就是   B. **要是**

C. 只有   D. 而是

要是……，就…… 和 如果……，就……

前半句表示假设的情况，后半句表示结果。

要是……，就…… 와 如果……，就…… 앞 문장은 가설 상황을 나타내고 뒤 문장은 결과를 나타낸다.

128 _____明天下雨，运动会也要照常进行。

A. 既然   B. **即使**

C. 要是   D. 不管

即使……，也……

前后两部分指有关的两件事，前面常表示一种假设情况，后面表示结果或结论不受这种情况的影响。
即使说错了，也没关系。
即使再晚点来，也来得及。

即使……，也……

앞뒤 부분은 연관된 두 가지 일을 가리키며, 앞부분은 일종의 가설 상황을, 뒷부분은 결과나 결론이 이런 상황에 영향을 받지 않는다는 것을 나타낸다.
即使说错了，也没关系。 (잘못 말했다 하더라도 괜찮아.)
即使再晚点来，也来得及。 (좀 더 늦게 오더라도 시간 있어.)

132 _____汉语水平的提高，他和中国人打交道越来越多了。

A. 跟着   B. **随着**

C. 顺着   D. 朝着

随着……的+动词

用在句首或动词前面，表示动作、行为或事件的发生所依赖的条件。
随着工农业生产的发展，一定会带来教育事业的大发展。

随着……的 + 动사
문두나 동사 앞에 놓여 동작이나 행위, 사건의 발생이 의존하는 조건을 나타낸다.
随着工农业生产的发展，一定会带来教育事业的大发展。
(공농업 생산에 따른 발전은 틀림없이 교육사업의 대단한 발전을 가져올것이다.)

133 学习方法不对的话，花很多时间学习也_____能得到好的成绩。

A. 不必 B. 无必

C. **未必** D. 没必

未必：意思是不一定。

未必"은 꼭 그런 것은 아니다"라는 뜻이다.

136 妻子每天_____丈夫准备好可口的晚饭，等着丈夫回家。

A. 为了 B. 把

C. 对 D. **为**

介词 为"引进动作的受益者，意思是 给"。

개사 为"는 동작의 수해자를 이끌어내며 给(~을 위해서, ~에게)"의 뜻과 같다.

154 听说自己HSK得到了8级，朴应顺真是高兴_____。

A. **得不得了** B. 得极了

C. 不得了 D. 要命

形容词 + 得 + 不得了

不得了"是说明动作或事物性质达到的程度的补语。
他们的感情好得不得了。

형용사 + 得 + 不得了

不得了"은 동작이나 사물의 성질이 도달한 정도를 설명하는 보어이다.
他们的感情好得不得了。(그들의 감정은 아주 좋다.)

155 小时侯家里太穷，买不_____玩具，我们只好玩泥巴、沙子什么的。

A. 上 B. **起**

C. 下 D. 来

動詞(买、用、看、玩、吃、穿) + 得 / 不 + 起

补语 起"表示能够支付。

동사(买、用、看、玩、吃、穿) + 得 / 不 + 起

보어 起"는 지급할 수 있는 능력을 나타낸다.

158 他饿死了，把剩下的饭都吃＿＿＿＿＿＿＿了。

A. 光　　　　　　　　　　　　B. 了

C. 好　　　　　　　　　　　　D. 下

动词(用、吃、花) + 光

结果补语 光"表示没有了。

동사(用、吃、花) + 光

결과보어 光"은 없음을 말한다.

159 这么多的行李，我一个人拿不＿＿＿＿＿＿，劳驾你帮我拿拿吧。

A. 好　　　　　　　　　　　　B. 光

C. 下　　　　　　　　　　　　D. 动

动词(拿、搬、抬、推) + 得 / 不 + 动

结果补语 动"表示太重，不能移动。

동사(拿、搬、抬、推) + 得 / 不 + 动

결과보어 动"은 너무 무거워서 움직일 수 없음을 말한다.

160 四川菜太辣了，我可吃不＿＿＿＿＿＿。

A. 好　　　　　　　　　　　　B. 光

C. 了　　　　　　　　　　　　D. 住

动词(吃、做、看……) + 得 / 不 + 了

这里的补语 了"表示能够，有能力。

동사(吃、做、看……) + 得 / 不 + 了

여기서 보어 了"는 할 수 있는 능력을 나타낸다.

163 我一个人哪儿吃得_____这么多饭啊？

A. 了　　　　　　　　　　　B. 好

C. 动　　　　　　　　　　　D. 进

动词(吃、做、看、写……) + 得 / 不 + 了

这里的补语 了"表示 完"。

동사(吃、做、看、写……) + 得 / 不 + 了

보어 了"는 끝내다, 다하다"의 뜻이다.

---

168 我不能再买东西了，因为妈妈给我的零花钱都花_____了。

A. 没　　　　　　　　　　　B. 了

C. 下　　　　　　　　　　　D. 光

补语 光"表示完了，没有了。

보어 光"은 다 끝났고 없음을 나타낸다.

---

170 他简直是个书虫，尤其爱好历史书，读_____了图书馆的历史书。

A. 遍　　　　　　　　　　　B. 光

C. 掉　　　　　　　　　　　D. 没

动词(看、读、听、玩、走……) + 遍

这里的结果补语 遍"表示所有的范围都包括在内。

동사(看、读、听、玩、走……) + 遍

결과보어 遍"은 모든 범위가 그 안에 포함되어 있음을 말한다.

---

171 看到我不高兴，他说到一半就停_____了。

A. 到　　　　　　　　　　　B. 住

C. 开　　　　　　　　　　　D. 在

动词(站、停) + 住

这里的补语 住"表示停止。

동사(站、停) + 住

172 考试结束的时间到了，可是还有两道题没做 _____。

A. 出来   B. 起来

C. 上来   D. 上去

> 动词(说、讲、拿、交、做) + 出来
>
> 表示动作完成，兼有使一种新的事物产生或从无到有的意思。
>
> 동사(说、讲、拿、交、做) + 出来
>
> 이것은 동작의 완성을 표시하고 또한 일종의 새로운 사물이 나타나거나 무에서 유가 되는 의미를 가진다.

173 春天到了，花渐渐地开了，天气也暖和_____了。

A. 上来   B. **起来**

C. 出来   D. 下去

> 动词(或者形容词) + 起来
>
> 趋向补语 起来"在这里表示开始。
>
> 동사(혹은 형용) + 起来
>
> 방향보어 起来"는 시작된다는 것을 나타낸다.

177 听完这个精彩的报告，大家都热烈地鼓起掌_____。

A. **来**   B. 着

C. 过   D. 上

> 注意趋向补语 起来"前的动词如果有宾语，这个宾语则需要分开用。要说 鼓起掌来、唱起歌来、跳起舞来"。
>
> 起来" 앞의 동사가 목적어를 수반하면 이 목적어는 분리해서 사용해야 한다.
>
> 鼓起掌来/ 唱起歌来/ 跳起舞来

182 学好汉语很有用的，即使你毕业了，也应该继续学_____。

A. 起来   B. **下去**

C. 上来   D. 过去

| 动词 +下去 |

趋向补语 下去"表示动作的继续。

| 동사 + 下去 |

방향보어 下去"는 동작의 계속을 나타낸다.

---

188 在路上突然遇到了几年不见的中学同学，我一下子想不＿＿＿＿＿＿他的名字了。

A. 上来   B. 下来

C. 下去   D. **起来**

| 动词(想、记、回忆) + 得/不 + 起来 |

补语 起来"表示恢复印象和记忆。

| 동사(想、记、回忆) + 得/不 + 起来 |

보어 起来"는 인상이나 기억이 회복됨을 나타낸다.

综合填空注释

▍第一部分▍

(一)　儿童___1___商店送给每位来店里的孩子一个气球。一个男孩想要两个，售货员说："非常___2___，我们只给每个孩子一个气球。你家里___3___有弟弟吗？"男孩非常遗憾地说："不，我没有弟弟，___4___我姐姐有个弟弟，我想给他要一个。"售货员听后"哈哈"大笑，不过还是摸___5___他的脑袋，又送给他一个气球。

1　A. 用物　　　　　B. 用具　　　　　C. 用的　　　　　**D. 用品**

用品"指使用的物品。　用具"指供人使用的工具或用具。

用品"은 사용하는 물품, 用具"는 사람들에게 제공되어 사용되는 도구나 용구를 가리킨다.

2　**A. 抱歉**　　　　B. 歉意　　　　　C. 道歉　　　　　D. 歉疚

抱歉"是表示心理的状态动词，可以说 很抱歉、感到抱歉、非常抱歉"。　道歉"是动作动词，常手 向……(表示)道歉"。比如：我们已经向他们公司表示了道歉。

抱歉"은 상태심리동사로 很抱歉, 感到抱歉, 非常抱歉" 와 같이 쓰인다. 道歉"은 동작동사로서 주로 向……(表示)道歉" 형식으로 사용된다.
我们已经向他们公司表示了道歉. (우리는 이미 그들 회사에 미안함을 표시했다.)

3　A. 再　　　　　　B. 又　　　　　　**C. 还**　　　　　D. 就

副词 还 可以表示项目、数量增加，范围扩大。比如：吃完了也没关系，这里还有很多呢。　再"多数表示动作的重复。比如：这次考不好，你可以再考。

부사 还 는 항목이나 수량이 증가 되거나 범위가 확대됨을 표시할 수 있다. 再"는 대부분 동작의 중복을 나타낸다.

吃完了也没关系，这里还有很多呢。(다 먹어도 괜찮아, 여기에 더 있는걸.)

这次考不好，你可以再考。(이번에 시험을 잘 못보면 다시 볼 수 있어.)

4　A. 因为　　　　　　B. **可是**　　　　　C. 所以　　　　　D. 因此

5　A. **着**　　　　　　B. 过　　　　　　　C. 了　　　　　　D. 得

动词1＋着＋动词2"表示两个动作同时进行，其中有的可以理解成第一个动作是第二个动作的方式。笑着说、坐着看电视。"

동사1＋着＋동사2"은 두개의 동사가 동시에 진행되고 그 중 어떤 것은 첫 번째 동사가 두 번째 동사의 방식을 나타내기도 한다.
笑着说(웃으면서 말하다)
坐着看电视(앉아서 텔레비전을 보다)

(二)　如果你到中国来旅游，一定要好好地___1___一下，因为有很多地方___2___去看看。中国有繁华、气派的大都市，有悠久历史的古都，有许多名胜___3___，美丽壮观的森林和山川。如果你喜欢现代化的大都市，你___4___去北京、上海或者广州，每个城市各有她迷人的___5___。如果你对历史有___6___，你可以去古都，比如：北京、西安、开封、杭州、洛阳等等。

1　A. 计算　　　　　　B. **计划**　　　　　C. 规划　　　　　D. 划算

计划"做事情前方案。规划"指比较长远的长期发展计划。

计划"는 일 하기전의 방안을, 规划"는 비교적 멀거나 장기적인 발전계획을 가리킨다.

2　A. **值得**　　　　　B. 可能　　　　　C. 能够　　　　　D. 一定

3　A. 古代　　　　　　B. **古迹**　　　　　C. 古都　　　　　D. 古典

名胜古迹"是指著名的古迹和风景点。

名胜古迹"는 유명한 고적과 풍경이 있는 곳을 말한다.

4 A. 一定   B. 肯定   C. 必须   D. 应该

这里如果用 "一定"，就要说 "一定要"。

여기서 만약 "一定"을 사용하면 "一定要"로 써야한다.

5 A. 特点   B. **特色**   C. 特别   D. 特长

特色"是指事物所表现的独特的色彩,风格等。 特点"是表示所具有的特殊或特出之处。这里是指各城市多特有的，所以用 特色"更好。

特色"은 사물이 표현하는 독특한 색채나 풍격 등을 가리킨다. 特点"은 갖고 있는 특수한 점이나 특출난 점을 나타낸다. 여기서는 도시마다 특유함이 있음을 가리키므로 特色"가 더 적당하다.

6 A. 意思   B. **兴趣**   C. 爱好   D. 想法

对……有兴趣"表示 喜爱……"。

对……有兴趣"은 喜爱……(좋아하다)"의 뜻이다.

(三) 电脑虽然方便，但是在电脑上打___1___的字也不是你自己写的，看起来虽___2___但这毕竟是电脑的作品而不代表你___3___的水平。如果说是有了电脑就可以不花___4___练字,对那些花钱去学书法的人来说不就成了傻瓜了___5___？就拿一些人___6___吧，有些人因为有电脑而太依赖电脑，认为电脑上懂得打字就行了，不用练写字，___7___几个月以后连拿毛笔手都会抖了，写的字非常难看，所以有电脑还是___8___练字。

---

1 A. 上来   B. 过来   C. **出来**   D. 起来

动词 + 出来"表示动作的完成，兼有表示从隐蔽到显露或从无到有的意思。 看出来、写出来、画出来、说出来……"。

동사 + 出来"는 동작의 완성을 나타내고 또한 감춘 것이 드러나거나 무에서 유가됨을 나타내기도 한다. 看出来/ 写出来/ 画出来/ 说出来

---

2   A. 好看   B. 美丽   C. 美   D. 出来

美丽、美"一般是形容姑娘或者风景, 美"多用于口语。

美丽, 美"은 주로 아가씨나 풍경을 형용하며 美"는 구어체에서 많이 쓰인다.

3   A. 人家   B. 别人   C. 自己   D. 他人

4   A. 努力   B. 刻苦   C. 吃苦   D. 工夫

这里 工夫"的意思是 时间", 花工夫"就是 花时间"。

여기서 工夫"는 시간"의 뜻으로 花工夫"는 시간을 소비하다"의 의미를 나타낸다.

5   A. 啊   B. 吗   C. 呢   D. 吧

这里的 不……吗？"是反问句，表示肯定的意思。

不……吗？"은 반문구문으로 긍정을 나타낸다.

6   A. 来说   B. 说来   C. 去说   D. 说去

拿……来说"是举例子，表示 比如……"。

拿……来说"은 예시를 들 때 사용되며 比如……"의 의미이다.

7   A. 成果   B. 结论   C. 后悔   D. 结果

结果"是表示事情最后的状态。有时候表示好的方面，有时候表示不好的方面。

结果"은 일의 마지막 상태를 나타내며, 이것은 좋은 것일 수도 있고 나쁜 것일 수도 있다.

8   A. 想   B. 得   C. 的   D. 地

得：意思是应该。

得"은 반드시 ~해야 한다"의 뜻이다.

(四) 在上海拥有13家分店的星巴克咖啡 ___1___ ，已经占领了城市的每一个时尚据点，并走进了上海人的生活。 ___2___ 这里环境好，价格便宜，许多上班的白领和逛街的美女，都喜欢中途溜到这里停 ___3___ 休息，重要的不是在于品尝咖啡， ___4___ 在于享受那份优雅休闲的心境。

1 A. 家   B. 室   C. 堂   D. 馆

"星巴克"就是 Star Bucks，是著名咖啡馆的名字，翻译成中文是 星巴克"。

"星巴克"은 카페 Star Bucks(스타벅스)의 중국어 이름이다.

2 A. 所以   B. 由于   C. 虽然   D. 因此

"由于"与 因为"相接近，都用在前一部分，表示原因。但是 因为"是连词，后面常常有 所以"和它相呼应。 由于"是介词。

"由于"와 因为"는 모두 앞부분에 놓여 원인을 나타낸다. 因为"는 접속사이므로 뒤에 所以"와 호응을 이루고 由于"는 개사임에 주의한다.

3 A. 起来   B. 过来   C. 下去   D. 下来

"下来"表示 从快到慢、从多到少、从大到小……"程度的下降或减弱。
慢下来、瘦下来、安静下来。

"下来"는 빠름에서 느림, 많음에서 적음, 큼에서 작음으로의 정도 하강이나 약해짐을 나타낸다.
慢下来/ 瘦下来/安静下来

4 A. 而是   B. 但是   C. 就是   D. 要是

这里是 不是……，而是……"的用法。

이것은 不是……，而是……" 용법이다.

(五) 蛇虽然没有腿， ___1___ 是爬行动物。我们 ___2___ 看到的蛇大约有一米 ___3___ 长。

如果发现2-3米长的蛇，大家___4___会叫"大蛇，大蛇！"1984年，在美洲哥伦比亚东部___5___到一条南美蟒蛇。当时量了___6___，长11.43米，重量估计有450公斤。这是已经在世界上___7___的最大的蛇了。

1   A. 都   B. 也   C. 还   D. 却

却"是表示转折的副词，前面有 虽然……，(但是)却……。
虽然我不想去，但是却又不能不去。

却"는 전환을 나타내는 부사이며 虽然……，(但是)却……"형식으로 쓰인다.
虽然我不想去，但是却又不能不去。(비록 나는 가고 싶지 않으나 가지 않을 수는 없다.)

2   A. 将来   B. 以前   C. 以后   D. 过去

3   A. 几   B. 多   C. 很   D. 约

4   A. 一定   B. 应该   C. 需要   D. 可以

5   A. 拿   B. 拾   C. 抓   D. 取

抓"表示 捉住"。 拿"和 取"意思接近(拾"和 捡"接近是指 从地上拿起来")。

抓"는 잡는 것을 말한다. 拿"와 取"는 뜻이 비슷하고, 拾"와 捡"은 땅에서 집어 들어 올리는 것을 의미한다.

6   A. 一次   B. 一趟   C. 一下   D. 一遍

动量词 次"和 回"表示一般动作的次数， 趟"表示一来一往的动作。 遍"表示动作从开始到结束的整个过程。 下"可以表示短促的动作次数，和动词的重叠意义相近，量一量"就是 量一下"。

동량사 次"와 回"는 보통 동작의 횟수를, 趟"은 왔다갔다 하는 동작을 나타낸다. 遍"은 동작이 시작에서 끝마침의 전체과정을, 下"는 짧은 동작의 횟수를 나타내며 동사의 중첩의미와 비슷하다. 즉 量一量"은 量一下"와 같다.

7   A. 发明   B. 发觉   C. 发生   D. 发现

发现"刚找到或知道的。 发明"创造出以前不知道的事物或方法。 发觉"开始知道或感觉到。 发生"原来不存在的事物出现了。

发现"은 방금 찾았거나 알게 된 것을 말한다. 发明"은 창조되기 이전에 몰랐던 사물이나 방법을, 发觉"는 알기 시작하거나 느낀 것을 말하며, 发生"은 원래 없던 사물이 출현한 것을 가리킨다.

(六)　美国心肺和血液研究所资助的一项研究____1____，休假不仅给人带来愉悦，更重要的是有益____2____。　美国匹兹堡大学和纽约州立大学的两位心理学专家在对1.2万名患有冠心病的男子9年来的健康数据____3____研究后，得出这一结论。他们的报告说，每年定期休假的人死____4____冠心病的几率远比那些不休假的人低。　研究人员____5____，休假对于防止冠心病有很好的____6____。休假可以缓解人的紧张情绪，而紧张本身就是许多疾病的诱发因素。除了消除紧张，休假还使人与家人、朋友有更多的接触和运动时间。

1　A. **表明**　　　B. 表达　　　C. 表现　　　D. 表情

表明"准确地指出；表达"用口头或文字表示思想、感情；表现"是显示出来的行为和语言。

表明" 은 정확하게 가리키는 것을, 表达"는 말이나 문자로 생각과 감정을 나타내고, 表现"은 드러나는 행위와 언어를 말한다.

2　A. 运动　　　B. 工作　　　C. 学习　　　D. **健康**

3　A. 举行　　　B. **进行**　　　C. 举办　　　D. 进入

举行"和 进行"都是表示做某项工作。但是用法不一样， 进行"要求带动词宾语，而 举行"后面可以带动词宾语，也可以带名词宾语。可以说 举行运动会、举行婚礼"，但是不能说 进行运动会、进行婚礼"。 进行比赛、进行演讲"可以说 举行比赛、举行演讲"。

举行"과 进行"은 모두 어떤 일을 하는 것을 나타내지만 용법은 다르다. 进行"은 동사성 목적어를 수반해야 하나 举行"은 동사성 목적어나 명사성 목적어를 수반할 수 있다. 따라서 举行运动会, 举行婚礼"과 같이 말할 수 있지만 进行运动会, 进行婚礼"으로는 말할 수 없다.
进行比赛, 进行演讲"은 举行比赛, 举行演讲"으로 모두 표현할 수 있다.

4　A. 于　　　B. 从　　　C. 在　　　D. 到

介词 于"用在动词的后面，引进动作、行为的时间和地点，相当于 在、从"。 出生于、毕业于、产于……"。但是 在"和 从"都用于动词前。

개사 于"는 동사 뒤에 놓여 동작이나 행위의 시간과 장소를 이끌어낸다. 이것은 在, 从"의 용법과 비슷하나 在, 从"은 모두 동사 앞에 쓰인다는 점이 다르다.
出生于/ 毕业于/ 产于

5   A. 看见   B. 觉得   C. **发现**   D. 了解

发现"表示刚找到或知道的。 觉得"表示有某种感觉或认为。 了解"是知道得很清楚。

发现"은 방금 찾았거나 알게 된 것을 나타내며 觉得"는 어떤 느낌이나 견해를 나타낸다. 了解"는 분명히 아는 것을 말한다.

6   A. 结果   B. 成果   C. 后果   D. **效果**

效果"由于某种原因所产生的结果，如 药的效果、治疗效果、学习效果……"； 结果"是达到最后 的状态； 成果"指工作、学习和劳动以后得到的成绩和效果，是指好的方面； 后果"有害的或不幸的 结果，是不要的方面。

效果"은 어떤 원인 때문에 생겨난 결과를 나타낸다(药的效果, 治疗效果, 学习效果). 结果"은 최후 상태에 다다른 것을, 成果"은 일이나 공부, 노동 후에 얻은 성적이나 효과 등이 좋게 나타난 것을 가리킨다. 后果"은 이롭지 않거나 불행한 결과, 즉 원하지 않는 결과를 말한다.

(七)   外国人见面打招呼多不用疑问____1____，Hello两声就完事了。中国人以前爱问 "吃了吗？"现在改问："忙什么____2____？"也许____3____随便一问，但也同样让人 难以回答。"还没吃"或"没忙什么"全是废话，认真报告就显得很好笑。那为什 么会这么问呢？因为中国是一个注重人际交往的国家，相互了解是好朋友的 ____4____，不是说一点隐私都不能有，____5____在大家的概念中，好像只有男女 之间的事才____6____得上隐私，对于其它的则双方都有"知情权"不管你爱不爱 说，爱不爱听。

1   A. 话   B. 段   C. 说   D. 句

疑问句"是四种句型之一，是表示疑问的句子。

네 가지 문형중의 하나인 의문문은 의문을 나타내는 문장이다.

2   A. 呢   B. 吗   C. 了   D. 吧

"疑问助词 呢"可以用于特指问句，句中有疑问代词 谁、哪儿、什么、怎么"等。另外 啊"也可以，
你是谁啊？"

의문조사 呢"은 특지의문문에서 사용할 수 있고 문장 중에 의문대명사 谁、哪儿、什么、怎么"등이 나온다.
啊"의 용법도 역시 呢"와 같다.
你是谁啊？(넌 누구니?)

3   A. 要是   B. 可是   C. 但是   D. 只是

要是……，就……"、 虽然……，但是(可是)……"，都是常用的固定搭配句子。 只是"在这里表示 仅仅
是"。

要是……，就……"， 虽然……，但是(可是)……"은 모두 자주 사용하는 고정결합 형식이다. 只是"은 여기서
단지"의 뜻이다.

4   A. 基础   B. 基本   C. 根本   D. 本来

基础"事情发展的根本和起点，比如 学习基础、打好基础、感情基础"。 基本"事情的根本起源，
还常常说 基本上"，意思是 主要的差不多"， 我基本上准备好了"。 根本"的意思是 完全、彻
底"。

基础"는 일이 발전하는 근본과 기점을 나타내어 学习基础, 打好基础, 感情基础"와 같이 사용한다. 基本"은
일의 근본과 기원을 나타내며 때로는 基本上"으로 쓰여 대부분 다 되다"의 뜻을 가지면서 我基本上准备好了
(나는 기본적으로 준비가 다 되었다.)"같은 문장을 구성한다. 根本"은 완전한, 철저한"의 뜻이다.

5   A. 不是   B. 才是   C. 而是   D. 却是

不是……，而是……"是固定的连接句，否定前者，肯定后者。 我不是外籍教师，而是留学生"。

不是……，而是……"은 고정된 연결구문으로 부정이 앞에 긍정이 뒤에 나온다.
我不是外籍教师，而是留学生。 (나는 외국인 교사가 아니라 유학생이에요.)

6   A. 做   B. 说   C. 看   D. 算

算得上"意思是能算作， 他算得上是个电脑人才了"。 看得上"表示感到合意、满意。

算得上"은 "~라고 여겨지다"라는 뜻이고, 看得上"은 합의 되거나 만족됨을 나타낸다.
他算得上是个电脑人才了。(그는 컴퓨터 분야 인재라고 할 수 있다.)

(八)　学生要不要订报纸？我认为要！因为在报纸上我们___1___能与一些小伙伴共同分享他们的喜、怒、哀、乐，而且还能在报纸___2___知道国内外的事。即使你不听广播、不看电视，___3___能知道国内外的一些事情，那才是真的"秀才不出门,尽知天下事"呢！报纸能开阔我们的知识面,增长我们的知识。多看报纸上的一些好___4___，还能提高我们的写作___5___，使我们不再为写不出一篇好文章而烦恼了。___6___，订报还能让我们充分利用课余时间，___7___我们的学习生活不再乏味。这不是两全其美吗?

1　A. 不但　　　　B. 虽然　　　　C. 如果　　　　D. 要是

　　不但……，而且……"、虽然……，但是……"、如果(要是)……，就……"，都是固定连接的句子。

　　不但……，而且……"，虽然……，但是……"，如果(要是)……，就……"는 모두 고정적으로 연결되는 구문이다.

2　A. 前　　　　B. 后　　　　C. 上　　　　D. 下

3　A. 还　　　　B. 也　　　　C. 更　　　　D. 才

　　即使……，也……"前后两个部分指有关的两件事情，前面常表示一种假设情况，后面表示结果或结论不受这种情况的影响。 即使家里很有钱，你也得努力学习"。

　　即使……，也……" 앞뒤 두 부분은 연관되는 두 가지 일을 가리킨다. 앞은 주로 일종의 가설 상황을, 뒤는 결과나 결론이 이런 상황에 영향을 받지 않음을 나타낸다.
即使家里很有钱，你也得努力学习。(집이 아주 부자라 할지라도 넌 열심히 공부해야 한다.)

4　A. 文化　　　　B. 作文　　　　C. 课文　　　　D. 文章

　　作文"一般是指学生的写作练习。 文章"是有思想内容的独立成篇的文字，多指报纸、杂志上发表的。

作文"은 일반적으로 학생의 작문을 가리키고, 文章"은 생각이 포함된 독립적인 문장으로 보통 신문이나 잡지에 발표된 것을 가리킨다.

---

5   A. 知识   B. **水平**   C. 技术   D. 方法

提高……水平"是固定的谓语动词和宾语搭配。另外三个动词常用的搭配是 增加……知识"、改进……技术、改进……方法"。

提高……水平"은 고정된 술어동사와 목적어의 결합이다. 知识, 技术, 方法"와 결합을 이루는 술어동사는 다음과 같다.
增加……知识 / 改进……技术/ 改进……方法

---

6   A. 除非   B. 以外   C. 除了   D. **另外**

另外"一般用在一个句子的开头，指上文所说的范围之外的人或者事情。除非……，才……"表示一定要这样，才能产生某种结果。除非你给我很多钱，我才能帮你去做这么麻烦的事情"。除了……以外，都……"、除了……以外，还……"是两个不同意义的固定搭配句子。

除了……以外，都……"是排除式，比如：昨天除了小明以外，我们都去看杂技了。(意思是小明没有去看，别的人都去看。)

除了……以外，还……"是包括式，比如：昨天除了小明以外，我们也去看杂技了。(意思是小明和我们都去了。)

另外"는 보통 문두에 놓여 앞 문장에서 말하는 범위외의 사람이나 일을 가리킨다. 除非……，才……"는 반드시 이러해야지만 어떤 결과를 가져올 수 있다는 것을 나타낸다.
除非你给我很多钱，我才能帮你去做这么麻烦的事情。(네가 나에게 돈을 많이 줘야지만 나는 이렇게 귀찮은 일들을 도와주러 갈 수 있다.)
除了……以外，都……"와 除了……以外，还……"는 다른 의미를 가진 고정형식이다.
除了……以外，都……"는 제거식이다.
昨天除了小明以外，我们都去看杂技了。(어제 샤오밍을 제외하고 우리들 모두 서커스를 보러 갔다-샤오밍은 보러 가지 않았고 다른 사람들은 모두 보러 갔다)
除了……以外，还(也)……"은 포괄식이다.
昨天除了小明以外，我们也去看杂技了。(어제 샤오밍 외에 우리들도 서커스를 보러 갔다-샤오밍과 우리들은 모두 갔었다)

---

7   A. **使**   B. 将   C. 被   D. 把

使"和 让、叫"意思差不多，后面带兼语，是 致使"的意思。叫、让"多用在口语里。介词 将、把"意思差不多，都是跟名词组合，引进动作的受事，用在动词前。但是 将"多用于书面语。与 把 相反 被"用于 被动句"，引进动作的施动者。

使"와 让, 叫"는 뒤에 겸어를 수반하여 ~하여 ~하게 된다"라는 뜻을 나타내며, 叫, 让"은 주로 구어체에서 많이 쓰인다. 개사 将, 把" 역시 의미가 비슷하고 모두 동사 앞에 놓이며 명사와 결합하여 동작의 대상을 이끌어낸다. 将"은 서면어에서 많이 쓰인다. 把 와 상반된 의미를 가진 被"는 피동구문에서 사용되어 동작의

(九) 中国的八大菜系里，我吃__1__了三、四种，有川菜、粤菜、鲁菜，__2__北京烤鸭。我觉得都__3__好吃的。不过我最喜欢的是川菜，因为我喜欢吃__4__的。一边吃着，__5__喝着白酒，__6__头大汗，很舒服，还可以治感冒__7__。

1　A. 得　　　　B. 了　　　　C. 过　　　　D. 吃

动态助词 过"和 了"都表示过去的动作，但是意义不一样。 过"用在动词后面表示曾经有这样的事情；了"用在动词后面表示动作的完成。

比如：他去过三次中国。

他昨天去中国了。

동태조사 过"와 了"은 모두 과거의 동작을 나타내지만 그 의미는 다르다. 过"은 동사 뒤에 놓여 예전에 이런 일이 있었음을, 了"은 동사 뒤에 놓여 동작의 완성을 나타낸다.

他去过三次中国。(그는 중국에 세 번 가봤었다.)

他昨天去中国了。(그는 중국에 갔다.)

2　A. 还是　　　　B. 或者　　　　C. 要么　　　　D. 还有

还是"和 或者"是表示选择的连词。 还是"一般用于疑问句和否定句。

你喜欢咖啡还是茶？/我不知道今天去还是明天去。

或者"多用于肯定句。

中餐或者西餐我都爱吃。

要么……，要么……"常常表示两种不同的选择。

要么学习英语，要么学习汉语，我没有时间两个都学。

还有"表示项目、数量增加，范围扩大。

还是"와 或者"는 선택을 나타내는 접속사이다. 还是"는 일반적으로 의문문이나 부정문에 사용되고 或者"는 긍정문에 사용된다.

你喜欢咖啡还是茶？(너 커피 좋아 차 좋아?)

我不知道今天去还是明天去。(나는 오늘 갈지 내일 갈지 모르겠다.)

中餐或者西餐我都爱吃。(중국음식이나 서양음식 난 모두 좋아한다.)

要么……，要么……"는 주로 두 종류의 다른 선택을 나타내며 还有"는 항목이나 수량이 증가되고 범위가 확대됨을 나타낸다.

要么学习英语，要么学习汉语，我没有时间两个都学。(영어를 배우든지 중국어를 배우든지, 난 두 가지 모두를 다 배울 시간은 없다.)

3 A. 太   B. 挺   C. 还   D. 真

$\boxed{\text{太+形容词+了}}$ 可以表示赞叹，也可以表示不满意。
太好吃了/太美了/太贵了

$\boxed{\text{挺+形容词+的}}$ 表示程度比较高，其程度大概介于 "很"和 "比较"之间，一般要用 "的"。
挺累的/挺可爱的/挺热的

$\boxed{\text{真+形容词}}$ "确实、的确"的意思，是用来加强肯定的语气

$\boxed{\text{太 + 형용사 + 了}}$ 감탄이나 탄성을 나타내기도 하고 불만족스러움을 나타내기도 한다.
太好吃了/太美了/太贵了

$\boxed{\text{挺 + 형용사 + 的}}$ 정도가 비교적 높음을 나타내고 그 정도는 대략 "很"와 "比较"의 사이에 있다. 일반적으로 "的"와 함께 사용한다.
挺累的/挺可爱的/挺热的

$\boxed{\text{真 + 형용사}}$ 이것은 "확실히, 정말로"의 뜻으로 긍정의 어기를 강조한다.

---

4 A. 苦   B. 辣   C. 甜   D. 酸

"川菜"即四川菜是中国的八大有名菜系之一，特点是麻辣，所以，应该选择B。

"川菜"은 사천요리이며 중국의 팔대 유명음식중의 하나로 톡쏘는 매운 맛이 특징이다.

---

5 A. 一面   B. 一会   C. 一边   D. 一起

6 A. 满   B. 全   C. 都   D. 每

$\boxed{\text{满 + 名词}}$ 满头、满脸、满身、满手、满脚、满地、满屋子"中的 满"意思是 $\boxed{\text{名词 + 全都是}}$
也可以说 "一头、一脸、一身、一手、一脚、一地、一屋子。

$\boxed{\text{满 + 명사}}$ 와 같이 사용될 때 满"의 의미는 $\boxed{\text{명사 + 全都是}}$ 이다.
满头/ 满脸/ 满身/ 满手/ 满脚/ 满地/ 满屋子
이것은 다음과 같이 말하기도 한다.
一头/ 一脸/ 一身/ 一手/ 一脚/ 一地/ 一屋子

---

7 A. 了   B. 着   C. 吗   D. 呢

(十) 研究__1__鲜牛奶有多种营养成分，很容易__2__人体吸收，经常喝牛奶，不但能

健身，__3__能有效地美白肌肤，但要是在喝的时候不__4__，就会使营养受到破坏，造成浪费。鲜奶中的VB.、VC.受到阳光照射后会很快会__5__。因此，牛奶最好存放在有色的或不透明的东西里，__6__存放在阴凉的地方。

1   A. 表现   B. 表达   C. 明白   D. **表明**

表现：表示出来的行为、作风和言论。表达：是用口头或文字表示思想感情。表明：是相当明显的显示出来。

表现"은 드러나는 행위나 풍격, 태도, 말을 가리킨다. 表达"은 말이나 문자로 생각 감정을 표현하는 것을, 表明"은 매우 분명하게 나타내 보이는 것을 가리킨다.

2   A. 把   B. **被**   C. 使   D. 让

3   A. **还**   B. 都   C. 既   D. 才

4   A. 重视   B. 注重   C. **注意**   D. 注视

5   A. 丢失   B. **消失**   C. 消灭   D. 走掉

6   A. 但是   B. **并且**   C. 因此   D. 可是

HSK 中國漢語水平考試

[初·中等]

模 擬 試 題

一．听力理解

（50题35分钟）

第一部分

说明　1-15题，这部分试题，都是一个人说一句话，第二个人根据这句话题一个问题，请
你在四个书面答案中选择唯一恰当的答案。
例如：第八题，你听到：
第一个人说：......
第二个人问：......你在试卷上看到四个答案：
A、七点十分
B、七点
C、十点七分
D、六点五十
第八题 唯一恰当的答案是D，你应在答卷上找到号码8，在字母D上划一横道，横道
一定要划得粗一些，重一些。 如：
8、[A] [B] [C] [■■]

1　A. 花店　　　　　　　　　　　　B. 咖啡店
　　C. 水果店　　　　　　　　　　　D. 文具店

2　A. 420元　　　　　　　　　　　B 500元
　　C. 600元　　　　　　　　　　　D. 700元

3　A. 一块钱　　　　　　　　　　　B. 不到两块
　　C. 两块多　　　　　　　　　　　D. 不到5块

4　A. 吃饭　　　　　　　　　　　　B. 喝酒
　　C. 喝茶　　　　　　　　　　　　D. 吃药

5　　A. 老师　　　　　　　　　B. 学生
　　C. 经理　　　　　　　　　D. 职员

6　　A. 我很想去　　　　　　　B. 我只好去
　　C. 我还没决定　　　　　　D. 我不能去

7.　 A. 家里　　　　　　　　　B. 超市
　　C. 市场　　　　　　　　　D. 餐厅

8.　 A. 现在几点钟　　　　　　B. 你是怎么来的
　　C. 你不应该来　　　　　　D. 你来得太晚了

9　　A. 卖这样的东西的商店很少　　B. 卖这样的东西的商店很多
　　C. 卖这样的东西的商店不多也不少　D. 不知道哪儿卖这样的东西

10　A. 惊讶　　　　　　　　　B. 担心
　　C. 赞同　　　　　　　　　D. 埋怨

11　A. 他还没打完电话　　　　B. 他已经打完电话了
　　C. 他打电话的时间很长　　D. 他正在打电话

12　A. 睡觉不重要　　　　　　B. 睡觉是最重要的
　　C. 有的事比睡觉更重要　　D. 睡觉比较重要

13　A. 现在天气不错　　　　　B. 现在是阴天
　　C. 现在下雨了　　　　　　D. 下午可能会下雨

14　A. 看电影　　　　　　　　B. 买花
　　C. 买衣服　　　　　　　　D. 照相

15　A. 身体很重要　　　　　　B. 钱很重要
　　C. 钱不好　　　　　　　　D. 身体不重要

第二部分

<u>说明</u>　16-35题，这部分试题，都是两个人的简短对话，第三个人根据对话提出一个问题，请你在四个书面答案中选择唯一恰当的答案。

例如：第22题，你听到：

　　22. 第一个人说：……

　　　　第二个人说：……

　　　　第三个人问：……

你在试卷上看到四个答案：

　　　　A、睡觉

　　　　B、学习

　　　　C、看病

　　　　D、吃饭

第22题　唯一恰当的答案是C，你应在答卷上找到号码22，在字母C. 上画一横道，横道一定要花的粗一些、重一些。

如：[A] [B] [■■] [D]

16　A. 看书　　　　　　　　　　　B. 上网

　　C. 听音乐　　　　　　　　　　D. 踢足球

17　A. 2个　　　　　　　　　　　B. 3个

　　C. 5个　　　　　　　　　　　D. 7个

18　A. 鸡肉以外的别的肉　　　　　B. 鸡肉

　　C. 什么都喜欢　　　　　　　　D. 什么都不喜欢

19　A. 不去上课　　　　　　　　　B. 不想告诉她

　　C. 也不明白　　　　　　　　　D. 以后告诉她

20　A. 很多　　　　　　　　　　　B. 不多

　　C. 一般　　　　　　　　　　　D. 不知道

21 A. 图书馆   B. 博物馆
    C. 书店   D. 商店

22 A. 同意   B. 高兴
    C. 不同意   D. 满意

23 A. 饭馆   B. 图书馆
    C. 体育馆   D. 商店

24 A. 生气了   B. 她付20块
    C. 她付40块   D. 应该男的付钱

25 A. 参观   B. 锻炼
    C. 逛街   D. 散步

26 A. 太晚了没有地铁了   B. 不知道哪儿有地铁
    C. 不想回去   D. 不知道还有没有地铁

27 A. 天津   B. 西安
    C. 北京   D. 桂林

28 A. 想去故宫   B. 想去颐和园
    C. 想去香山   D. 介绍香山

29 A. 她不喜欢饺子   B. 她想吃饺子
    C. 她天天吃饺子   D. 她没空包饺子

30 A. 很不错   B. 比以前的好
    C. 没有以前的好   D. 很漂亮

31 A. 很少   B. 很多

    C. 不多也不少   D. 不知道

32 A. 可以看电视   B. 不应该看电视

    C. 应该看电视   D. 看不看电视都没关系

33 A. 去年水果很多   B. 今年水果很多

    C. 去年水果很新鲜   D. 今年水果和去年一样多

34 A. 明子需要休息   B. 没有治明子病的药

    C. 明子没有病   D. 明子的病很重

35 A. 孩子的老师不好   B. 孩子太笨了

    C. 孩子成绩不太好   D. 孩子学习很努力

第三部分

说明　36-50题，这部分试题，你将听到几段简要的对话或讲话。每段话之后，你将听到若干个问题，请你在四个书面答案中选择唯一恰当的答案。　例如：第38-39题，你听到：

第一个人说：……

第二个人说：……

第三个人根据这段对话提出两个问题：

　3 8. 问：……

你在试卷上看到四个答案：

A、食堂

B、商店

C、电影院

D、去商店的路上

根据对话，第38题唯一恰当的答案是D，你应在答卷上找到号码38，在字母D上画一横道，横道一定要画得粗一些，重一些。

如：[A] [B] [C] [■■]

你又听到：　　3 9. 问：……

你在试卷上看到四个答案：

A. 学习　　B. 看电影　　C. 吃饭　　D. 买东西

根据对话，第39题唯一恰当的答案是B，你应在答卷上找到号码39，在字母B上画一横道，横道一定要画得粗一些，重一些。

如：[A] [■■] [C] [D]

36　A. 多穿衣服　　　　　　　　　　B. 少穿衣服

　　　C. 冬天多穿夏天少穿　　　　　　D. 冬天少穿夏天多穿

37　A. 经常锻炼身体　　　　　　　　B. 少吃药

　　　C. 注意休息　　　　　　　　　　D. 不生气

38　A. 根据天气变化增减衣服　　　　B. 多吃水果少吃药

　　　C. 注意休息，出去玩　　　　　　D. 上面都要做

39   A. 气温高   B. 又湿又冷
      C. 外边比房间里暖和   D. 没有暖气

40   A. 上海   B. 北京
      C. 昆明   D. 还不知道

41   A. 上海   B. 北京
      C. 广州   D. 昆明

42   A. 这是服务员的工作。   B. 服务员很热情
      C. 我肚子疼得厉害   D. 我汉语不太好

43   A. 同屋要住院   B. 同屋不用打针
      C. 医院环境很好   D. 这家医院比较小

44   A. 出差   B. 锻炼
      C. 旅游   D. 拍照

45   A. 带的东西比较多   B. 带的东西不多
      C. 带的衣服很少   D. 带的吃的不多

46   A. 带的东西都很重要   B. 她想锻炼身体
      C. 她觉得东西不多   D. 她喜欢多带东西

47   A. 不喜欢小花   B. 没时间
      C. 奶奶不同意   D. 小花不喜欢他们

48   A. 小花怕动物   B. 奶奶怕动物
      C. 奶奶担心小花害怕   D. 父母不让去

49 A. 喜欢当观众   B. 不喜欢演节目
    C. 小朋友不要她   D. 习惯一个人活动

50 A. 爸爸   B. 妈妈
    C. 小花   D. 奶奶

二. 语法结构

(30题20分钟)

说明   51-60题，每一个句子下面都有一个指定词语，句中A B C D 是供选择的四个不同位置，请判断这一词语方句中那个位置上恰当。

例如：55、我们A 一起B 去上海C 旅游D 过。

没有

没有"只有放在句子A的位置上，使全句变为 我们没有一起去上海旅游过"，才和呼语法。所以第55题唯一恰当的答案是A，你应在答卷上找到号码55，在字母A上画一横道，横道一定要画的粗一些，重一些。

如：   55、[■■■] [B] [C] [D]

51   我 A 在汉语学习 B 方面比他还差 C 远D 呢。

得

52   你看见A 我B 昨天C 买的那件D 红色裙子了吗？

新的

53   你A 一定B 得C 放在D 心上。

把这样重要的事

54   你这种A 想法B 我C 是不赞成D。

的

55   A 我和男朋友B 没吃过烤鸭，C 我们在中国时常常吃火锅D。

从来

56 看样子A 是B 等不到他了，我C 一个人回去了D。

        不得不

57 这篇课文虽然A 不长，B 可是C 意思D 不好懂。

        却

58 A 像这样的小说B 多长时间C 能翻译完呢D？

        到底

59 快要A 考试B ，这些学生们每天都睡C 得非常晚D。

        了

60 晚上要很晚才能A 吃饭，你现在B 要C 多吃D。

        一点儿

第二部分

说明   61-80题，每个句子都有一个或两个空儿，请在ABCD 四个答案中选择唯一恰当的填
上(再答卷上的字母上画一横道)。

例如：67 我昨天买了一____钢笔。
A. 件
B. 块
C. 支
D. 条

我们只能说：我昨天买了一支钢笔"，所以第67题唯一恰当的答案是 C，你应在答卷上找到
号码67，在字母C 上画一横道，横道一定要花的粗一些、重一些。
如： [A] [B] [■■] [D]

61   真抱歉，让你白来一_____，我没借到你要的那本书。

A. 顿   B. 下

C. 遍   D. 趟

62   这个专家组_____六个人组成。

A. 为   B. 被

C. 由   D. 将

63   你这么说真的____人吃惊， 没想到你是这种人。

A. 被   B. 让

C. 把   D. 由

64   王老师在家休息了半个月，他的病一天天地好_____了。

A. 起来   B. 上来

C. 下来   D. 过来

65   现在再_____买不到这么便宜的书了。

A. 还   B. 也

C. 更　　　　　　　　　　　D. 却

66　锻炼能_____人的精神和情绪更好。
　　A. 令　　　　　　　　　　　B. 把
　　C. 受　　　　　　　　　　　D. 被

67　要想学要到地道的汉语_____得下工夫不可。
　　A. 只　　　　　　　　　　　B. 要
　　C. 不　　　　　　　　　　　D. 非

68　周末她总喜欢把房间收拾得_____。
　　A. 很整整齐齐的　　　　　　B. 整齐整齐的
　　C. 整整齐齐的　　　　　　　D. 整齐的

69　别忘了你今天还没辅导过孩子的功课_____。
　　A. 了　　　　　　　　　　　B. 过
　　C. 呢　　　　　　　　　　　D. 吗

70　他_____又把这事忘了，赶紧打个电话催催他吧。
　　A. 生怕　　　　　　　　　　B. 恐怕
　　C. 害怕　　　　　　　　　　D. 可怕

71　我一个下午哪儿做得_____这么多作业啊？
　　A. 了　　　　　　　　　　　B. 好
　　C. 动　　　　　　　　　　　D. 进

72　我一下子想不_____他的名字了。
　　A. 上来　　　　　　　　　　B. 下来
　　C. 下去　　　　　　　　　　D. 起来

73　没想到姐姐比妹妹_____漂亮呢。

A. 又　　　　　　　　　　　　B. 也

C. 还　　　　　　　　　　　　D. 却

74　他已经去中国留学了，你_____知道不知道这个消息？

A. 竟然　　　　　　　　　　　B. 难道

C. 到底　　　　　　　　　　　D. 千万

75　这套西服你穿着_____好看，_____显得年轻。

A. 不是……就是……　　　　　B. 宁可……也不……

C. 不但……而且……　　　　　D. 是……还是……

76　临走前他还对告诉我，_____到哪里他都会想着我的。

A. 虽然　　　　　　　　　　　B. 不管

C. 因为　　　　　　　　　　　D. 要是

77　暑假学生们不是打工，_____去旅游，有的上汉语补习班。

A. 还是　　　　　　　　　　　B. 要是

C. 于是　　　　　　　　　　　D. 就是

78　这儿的气候明显比北方的_____。

A. 暖和一些　　　　　　　　　B. 一些暖和

C. 有些暖和　　　　　　　　　D. 暖和有些

79　_____领子让人感到他是一个很讲究的人。

A. 衬衣雪白的他的　　　　　　B. 雪白的他的衬衣

C. 衬衣他的雪白的　　　　　　D. 他的雪白的衬衣

80　因为发音很差，_____。

A. 他的口语一直不太好　　　　B. 他一直不太好的口语

C. 一直不太好他的口语　　　　D. 一直他口语不太好

三. 阅读理解

（50题60分钟）

第一部分

说明　81-100题，每段话都有几个空儿，每个空儿都有ＡＢＣＤ四个答案。请你根据上下文的意思，从四个答案种选择一个恰当的答案，在答卷的字母上画一横道。

81 这段<u>日子</u>他非常忙，每天加班到深夜。

A. 日期   B. 岁月

C. 时间   D. 年月

82 你准备在这儿<u>呆</u>多久啊？我想下个星期就回去了。

A. 发呆   B. 等

C. 住   D. 坐

83 妈妈今天终于可以<u>出院</u>，我们全家人别提多高兴了。

A. 离开家   B. 出国

C. 离开学院   D. 离开医院

84 这种事你也要<u>管</u>啊？真够忙的。

A. 做   B. 干

C. 搞   D. 负责

85 我们到的时候他们都<u>鼓掌</u>表示欢迎。

A. 握手   B. 拍手

C. 挥手   D. 招手

86   你真应该在发音上多<u>下工夫</u>。

     A. 用力气   B. 工夫好

     C. 努力   D. 时间

87   听了我们的意见，老师<u>不住</u>地点头。

     A. 不想   B. 不停

     C. 不免   D. 忍不住

88   中国人在春节前要<u>采购</u>很多东西，准备过年。

     A. 卖   B. 送

     C. 买   D. 做

89   我母亲<u>曾经</u>去过两次中国，我将来也想去。

     A. 经常   B. 往往

     C. 往常   D. 曾

90   看到这群可爱的孩子在雪地里玩，我<u>仿佛</u>也回到了童年。

     A. 模仿   B. 照样

     C. 仿照   D. 似乎

91   我们才学了一年的汉语，汉语<u>程度</u>一般。

     A. 水平   B. 速度

     C. 规模   D. 高低

92   听见后面有人喊他，他赶紧<u>扭</u>过头去看。

     A. 摆   B. 推

     C. 转   D. 弯

93   老师问大家是谁把墙<u>弄</u>脏的。

     A. 搞   B. 修

           C. 搬   D. 擦

94 他出生在一个<u>普通</u>的工人家庭。

    A. 普及   B. 低等

    C. 一般   D. 普遍

95 儿童<u>千万</u>不能整天都玩游戏，影响学习，对眼睛也不好。

    A. 上万   B. 一定

    C. 很多   D. 最好

96 注意多休息、多喝水，<u>按时</u>吃药。

    A. 时刻   B. 时差

    C. 按照   D. 准时

97 不是妈妈不想工作，而是为了照顾我们全家<u>不得不</u>放弃工作。

    A. 只好   B. 不能

    C. 不可以   D. 不应该

98 我问他：您今年多大<u>岁数</u>了？

    A. 年纪   B. 数量

    C. 多高   D. 多重

99 听说北京像这样的胡同<u>数不清</u>。

    A. 数不了   B. 非常多

    C. 不能数   D. 很难数

100 周末我们常常去爬山、摄影、聚会<u>什么的</u>。

    A. 怎么样   B. 别的

    C. 等等   D. 为什么

第二部分

说明　101-130题，每段文字后都有一个或几个问题，每个问题都有ABCD　四个答案。请你根据上下文的意思，从四个答案种选择一个恰当的答案，晴根据这段文字的内容选择一个恰当的答案，在答卷上的字母上画一横道。

101~103

现在，有的孩子长得矮就会使父母担心，乱吃药物或者穿增高鞋，也不见成效，其实在孩子身体增长迅速的青春期补充一定的营养物质是很重要的。在十来岁的青春期应多吃一些新鲜蔬菜、鱼、肉、鸡蛋、豆制品，喝一些牛奶，特别是西红柿、苹果、香蕉等食品，都有利于孩子身体的长高。

此外，孩子的坐、立、睡、走等姿势保持规范，注意参加一些体育锻炼，特别是跑步、游泳、打篮球，这些都可以促使身高的增长。

101　孩子在什么时期身体增长最快？

    A. 刚出生时   B. 九岁左右

    C. 十几岁   D. 二十岁左右

102　本文中使身体长高的体育锻炼没有提到的是什么？

    A. 跑步   B. 游泳

    C. 打篮球   D. 打排球

103　从文章中我们知道现在的父母：

    A. 希望孩子长得高   B. 希望孩子长得帅

    C. 希望孩子学习好   D. 希望孩子多吃一点

104~106

挤！挤！昨天下午三点半，当记者从上海地铁一号线2号口出来时，发现从地铁门口到附近某商场门口到处都是排队的人。仔细一打听，原来昨天正是淮海路的百盛商场促销活动的第一个周末，数万市民争着购买减价商品。

　　这次促销活动是该商场为迎接五周年店庆举办的。记者看到，由于顾客实在太多，店员不得不让他们分批进入商场，每批大概40人。由于实行了<u>顾客限流</u>，许多人只好排队在商场门外等候。不一会儿，商场门口和附近的地铁站门口的空地上，站满了等待进商场的市民。

104　根据文章，划线的"顾客限流"是指：

A. 在商场门口排队　　　　　　B. 在地铁门口的空地排队

C. 从商场口排到地铁口　　　　D. 分批进入商场

105　百盛促销的原因是：

A. 五周年店庆　　　　　　　　B. 当天是周末

C. 商品可以减价卖　　　　　　D. 能够让市民排队

106　挤的原因是：

A. 商场太小　　　　　　　　　B. 东西太便宜

C. 来买减价商品的人太多　　　D. 每次只能进40人

107~110

　　这两天，我们这个不大的城市里流行起了一种"会说话的玫瑰"，这种玫瑰做工非常精致，在花枝上有一个小小的录音装置，录音时间大约是6到8秒，年轻人可对着玫瑰说些"我爱你！"、"我要永远和你在一起"等等表达爱情的话，送给自己的心上人，可重复录音，也可永久保存。记者在一家名叫"心愿小屋"礼品店内看到，这种玫瑰尽管售价不便宜，但来购买的人还是络绎不绝。

107　为什么说是"会说话的玫瑰"？

A. 做工很好　　　　　　　　　B. 上面装有录音装置

C. 年轻人喜欢对它说话　　　　D. 可以永久保存

108   根据这段文字我们可以知道"玫瑰"是什么？

A. 礼物 　　　　　　　　　　B. 花

C. 商店 　　　　　　　　　　D. 录音机

109   关于玫瑰，下面哪一点没提到？

A. 功能 　　　　　　　　　　B. 颜色

C. 做工 　　　　　　　　　　D. 用途

110   买玫瑰的人怎么样？

A. 很多 　　　　　　　　　　B. 不太多

C. 不多 　　　　　　　　　　D. 没人买

111~114

今年北京9月份的气温并不低，和过去30年的平均气温相比，温度还偏高0.5摄氏度，而10月上旬的气温，比过去30年历史同期的平均气温偏低0.5摄氏度。在北京的气象历史上，像今年近期的气温比较正常，市民感觉今年天冷得早的原因可能是今年9月份阴雨天太多。资料表明，和过去两年相比，刚刚过去的9月份的最大特点是：阴天太多。去年9月份只有9个阴雨天，而今年9月恰恰相反，只有9个晴天，其他时间都是阴雨天。阴雨天多，没有出现太高气温，和过去较热的情况相比，今年好像是冷得早了。

111   和以前的气温相比较，今年北京的10月份气温是：

A. 比以前高0.5摄氏度 　　　B. 比往年气温低0.5摄氏度

C. 和以前一样 　　　　　　　D. 文章中没有提到

112   关于今年9月的气温下面哪种说法是正确的？

A. 市民感觉很暖和 　　　　　B. 晴天很多

C. 这样的气温比较正常 　　　D. 这样的气温不正常

113   今年9月的气温让人觉得冷的原因可能是：

A. 气温太低 　　　　　　　　B. 下雨太多

C. 晴天太多　　　　　　　　　　　　D. 冷得早了

114　从文章中我们可以知道今年9月北京共有多少个阴雨天？

　　　A. 5个　　　　　　　　　　　　　　B. 9个

　　　C. 21个　　　　　　　　　　　　　D. 30个

115~119

　　最近，有一天，上小学六年级的儿子回到家，气呼呼地说："今天下午我们又连上了三节语文课，老师把'副课'都占了"。

　　仔细看看儿子的课程表，上面除了语文、数学、英语以外，还有体育、音乐、美术、劳动、科技等课，前面被称为"正课"，后面的被称为"副课"。像这样"正课"占用"副课"的现象，在许多学校已经成为了普遍现象。一位小学音乐教师很无奈地说，由于小学毕业考试只考语文、数学、外语三门，这三门课在平时就占据了重要的地位。经常有"正课"老师跟"副课"老师要课，学生不愿意也没办法，因为有升学的压力存在。

　　我们知道，有科学创新能力的人，不但要懂得科学知识，还要懂得文化艺术。在国家倡导素质教育的今天，仍然将课程分为"正课"和"副课"，是很不恰当的。希望能早些为"副课"转"正"，还孩子们一个健康、科学、快乐的学习成长环境。

115　根据短文，下面的课程中属于"正课"的是：

　　　A. 体育　　　　　　　　　　　　　　B. 音乐

　　　C. 英语　　　　　　　　　　　　　　D. 美术

116　根据短文我们可以知道：

　　　A. 小学毕业考试要考音乐　　　　　　B. 小学毕业考试只考三门课程

　　　C. 小学毕业不需要考试　　　　　　　D. 小学音乐老师不喜欢考试

117　短文中，一位小学音乐教师很无奈地说，"无奈"的意思是：

　　　A. 生气　　　　　　　　　　　　　　B. 开心

　　　C. 伤心　　　　　　　　　　　　　　D. 没有办法

118　短文中，经常有"正课"老师跟"副课"老师要课的原因是：

　　　A."正课"老师喜欢上课　　　　　　B."正课"老师觉得"副课"不重要

　　　C."副课"太多了　　　　　　　　　D."正课"老师很厉害

119　本文作者的观点是：

　　　A. 不应该不重视"副课"　　　　　　B. 升学的压力不应该存在

　　　C."副课"的老师比"正课"的老师好　　D. 语文、数学、英语不是"正课"

120~123

　　有多达四分之一的网民认为："上网之后反而更孤独"。这种"上网孤独症"发展下去，可能引发更严重的心理疾病。有关专家研究发现，长时间进行同一项不变的社会活动往往可能使人陷入孤独。

　　实际上，比起传统活动，网络的吸引力可能更为强大，因为通过网络可以交到很多朋友。但是，他们往往是从未见过面的陌生人；这种交往又往往是远距离的，不能像以前那样相互握手拥抱；同时可能还要担心是不是被对方骗了。于是，怀疑和不安可能使他们反而感到更加孤独。

120　从"上网之后反而更孤独"这句话的意思是：

　　　A. 上网之后就不孤独了　　　　　　B. 上网并不能减少人的孤独

　　　C. 只有孤独的人才上网　　　　　　D. 上网对身体很有害

121　根据短文，下面哪种说法不对

　　　A. 网络比传统活动更有吸引力　　　B. 通过网络可以交到很多朋友

　　　C. 网民都认为上网以后更孤独　　　D. 网络中认识的朋友大多数是陌生人

122　网络的吸引力是：

　　　A. 治疗孤独症　　　　　　　　　　B. 可以和朋友相互握手拥抱

　　　C. 可以认识很多朋友　　　　　　　D. 通过网络可以了解很多信息

123 这篇文章的主要意思是：

    A. 网上交不到真正的朋友　　　　B. 上网会引发各种疾病

    C. 上网反而让人感到孤独　　　　D. 网络常常使人上当受骗

124~127

　　根据十月八日发布的产业信息，韩国移动电话今年在国内外销量将超过一亿部。相关消息还称，包括三星电子和LG电子在内的国内六家手机制造公司今年的手机销售量将达到10010万部。位于美国的市场调研公司Gartner预测说，今年全球手机的销售量将达到4亿2000万部。由于对手机的需求急剧增长，三星电子已经把今年的销售目标增加到5500万部，与去年的4230万相比增加了30%。LG电子今年的手机销售量也将在去年的1600万部的基础上增加23%，达到2300万部。其他手机制造商也希望能大幅提高手机销售量。Pantech & Curitel 预计将把今年的销售数量提高49.4%，达到1200万部。手机电话销售的良好前景的主要原因来自于第三季度开始国内对手机的需求缓慢恢复以及向国际出口的增加，尤其是对欧洲和亚洲新兴国家的出口。一位产业观察家表示，"今年手机电话出口大幅增长是受到了市场多样化的成功支持。"韩国手机制造商正在设法进入欧洲、中东和亚洲新兴国家，如印度等国家市场来弥补韩国最大的手机出口市场中国市场对韩国手机需求的下降。

124 从上面一段文字中我们知道手机生产量最大的公司是：

    A. 韩国三星公司　　　　　　　　B. 韩国LG公司

    C. 美国Gartner公司　　　　　　 D. 美国Curitel公司

125 LG电子今年手机的销售数量是多少？

    A. 1200万部　　　　　　　　　　B. 1600万部

    C. 2000万部　　　　　　　　　　D. 2300万部

126 近几年韩国手机的主要出口国是：

    A. 中国　　　　　　　　　　　　 B. 美国

    C. 欧洲　　　　　　　　　　　　 D. 印度

127   从这段文字我们知道：

A. 中国对手机的需求减少   B. 美国对手机的需求减少

C. 欧洲对手机的需求减少   D. 亚洲新兴国家对手机的需求减少

128~130

家庭压力最大的中国人不是老年人，也不是年轻人，而是成了家的中年人。上有老，下有小，在单位即使不是领导，也是"老革命"，事情不会少，难得有个双休日，孩子的爷爷要"常回家看看"，孩子的姥姥也要"常回家看看"，先去谁家，后去谁家，一定要考虑好，否则，两口子就要吵。

128   这段文字中告诉我们谁的家庭压力最大？

A. 老年人   B. 年轻人

C. 没结婚的中年人   D. 结婚的中年人

129   孩子的姥姥是谁？

A. 自己的妈妈   B. 孩子的妈妈

C. 妻子的妈妈   D. 自己的姐姐

130   短文中的"两口子"是什么指关系？

A. 母子   B. 姐弟

C. 男朋友   D. 夫妻

四. 综合填空

（40题30分钟）

第一部分

说明　131-154题，每段文字中都有若干个空儿(空儿中标有题目序号)，每个空儿右边都有ABCD四个词语。请根据上下文的意思，选择唯一恰当的词语(在答卷的字母上画一横道)。

131-137

被誉为中华第一高楼的上海金茂　131　，位于陆家嘴金融贸易区，与　132　的外滩风景区隔江相望。 它由美国芝加哥SOM建筑事务所　133　，集中华五千年宝塔建筑之大成，融汇当代世界建筑新　134　，建造周期历时五年。它的高度为402.5　135　，是目前世界第三、中国第一高楼，总建筑面积29万平方米，占地2.3万平方米，地上88　136　，总投资为5.4亿美金，是杨浦大桥、南浦大桥、东方明珠塔总造价的1.5　137　。

131	A. 大楼	B. 大厦	C. 商厦	D. 大道
132	A. 有名	B. 闻名	C. 驰名	D. 著名
133	A. 设计	B. 计划	C. 计算	D. 设想
134	A. 技巧	B. 技术	C. 技艺	D. 方法
135	A. 公里	B. 米	C. 厘米	D. 公分
136	A. 阶	B. 梯	C. 层	D. 格
137	A. 个	B. 倍	C. 分	D. 多

138-143

农历的八月十五是中秋节。听说，中国的＿＿138＿＿节日很多，其中最重要的是正月初一的＿＿139＿＿。中秋节的意思是什么呢？＿＿140＿＿中国的农历，7、8、9三个月是秋季，八月十五在＿＿141＿＿，所以叫"中秋节"。中秋节的晚上，月亮又大又圆，汉族人把月圆看做＿＿142＿＿的象征。＿＿143＿＿，中秋节又叫做"团圆节"。

138	A. 文化	B. 历史	C. 传统	D. 国家
139	A. 春节	B. 端午节	C. 清明节	D. 元宵节
140	A. 趁	B. 对于	C. 关于	D. 按照
141	A. 前面	B. 里面	C. 中间	D. 后面
142	A. 团圆	B. 圆形	C. 团结	D. 聚会
143	A. 因为	B. 因此	C. 但是	D. 可是

144-150

＿＿144＿＿韩国的"韩流"在台湾海峡两岸三地汹涌后，一股"汉潮"＿＿145＿＿几年也袭向韩国。"中国热"势不可挡，学习汉语和＿＿146＿＿中国经济、文化成为社会的＿＿147＿＿。"汉潮"和"韩流"相遇，提升了两国文化与经济互动，＿＿148＿＿亚洲的壮丽景观。由于中国经济的＿＿149＿＿发展，中韩经济互动急升，其中最明显的＿＿150＿＿是韩国学习汉语的人越来越多，到中国留学的韩国学生已经超过三万人。"小燕子"、巩俐、成龙、F4等老少皆知，中国游客涌向汉城。

144	A. 朝着	B. 向着	C. 随着	D. 伴着
145	A. 最近	B. 最初	C. 最终	D. 最后
146	A. 知道	B. 了解	C. 认识	D. 打听
147	A. 热点	B. 重点	C. 要点	D. 起点
148	A. 变成	B. 成为	C. 为了	D. 变化
149	A. 快点	B. 速度	C. 迅速	D. 很快

150　　A. 表演　　　　　B. 表明　　　　　C. 表示　　　　　D. 表现

151-154

当被问到"在你的人生之中，____151____正处于一个什么阶段"时，有50名男性被调查者____152____"正是积累经验、努力工作的时候"，位居第一。其次有26人回答是____153____将来打基础而努力学习。而女性____154____，回答"自由、无拘无束"为最多。其次有18人回答"在经历和成熟"。

151.　A. 最近　　　　　B. 今后　　　　　C. 如今　　　　　D. 以后

152.　A. 回答　　　　　B. 答案　　　　　C. 同意　　　　　D. 认为

153　A. 要　　　　　　B. 因　　　　　　C. 为　　　　　　D. 给

154　A. 面前　　　　　B. 当中　　　　　C. 当前　　　　　D. 其中

第二部分

说明　155-170题，每段话中都有一若干个空儿(空儿中标有题目序号)，请根据上下文的意思，在答卷上每个空格中填写一个恰当的汉字。

155-157

成千上万的中国学子忙于参___155___"雅思"和"托福"考试时，被称为"汉语托福"的中国汉语水平考试(HSK)也吸引越___156___越多的外___157___求职者考生。

158~161

小王：收到你的来信，我很高___158___。现在我学习很忙，没有给你及时回信，请___159___谅。你近来身体怎么___160___？学习紧___161___吗？多来信。

162~165

通　知

本校将于本月12日组___162___学生去看画展，每人交人民___163___十元。愿___164___去的同学请于本周到我处报名，并大家请___165___相转告。

学生处

166~170

HSK是为测试母语非汉语者的汉语水平而设立的国___166___级标准化考___167___。崔希亮说，上世纪90年___168___初考试刚设立时，每年只有200多位考生。之后10年，考生人数每年以40%至50%的速___169___增长，跟美国教育考试服___170___中心设立的托福考试最初10年差不多。

答案

1. D	2. A	3. C	4. B	5. A	6. B	7. D	8. D	9. B	10. A
11. C	12. B	13. C	14. C	15. A	16. A	17. D	18. B	19. C	20. B
21. C	22. C	23. A	24. C	25. C	26. A	27. B	28. C	29. D	30. C
31. B	32. B	33. B	34. A	35. C	36. C	37. A	38. D	39. B	40. D
41. D	42. D	43. C	44. C	45. A	46. A	47. B	48. C	49. D	50. D
51. C	52. D	53. C	54. D	55. B	56. C	57. D	58. B	59. B	60. D
61. D	62. C	63. B	64. A	65. B	66. A	67. D	68. C	69. C	70. B
71. A	72. D	73. C	74. C	75. C	76. B	77. D	78. A	79. D	80. A
81. C	82. C	83. D	84. D	85. B	86. C	87. B	88. C	89. D	90. D
91. A	92. C	93. A	94. C	95. B	96. D	97. A	98. A	99. B	100. C
101. A	102. D	103. A	104. D	105. A	106. C	107. B	108. B	109. B	110. A
111. B	112. C	113. B	114. C	115. C	116. B	117. D	118. B	119. A	120. B
121. C	122. C	123. C	124. A	125. D	126. A	127. A	128. D	129. C	130. D
131. B	132. D	133. A	134. B	135. B	136. C	137. B	138. C	139. A	140. D
141. C	142. A	143. B	144. C	145. A	146. B	147. A	148. B	149. C	150. D
151. C	152. A	153. C	154. B	155. 加	156. 来	157. 国	158. 兴	159. 原	160. 样
161. 张	162. 织	163. 币	164. 意	165. 互	166. 家	167. 试	168. 代	169. 度	170. 务

听力理解录音文本

|第一部分|

1 你看这支笔不错吧，就买这支吧？对了，还要买个本子。

问：说话人可能在什么地方？

A. 花店   B. 咖啡店

C. 水果店   **D. 文具店**

2 意大利进口皮鞋原价600元，现在打7折，你买不买？

问：现在买要多少钱

A. 420元   B. 500元

C. 600元   D. 700元

3 这儿的西瓜真不贵，才一块钱一斤。昨天我在超市买的西瓜，不到5斤要10块钱。

问：他昨天买的西瓜大概多少钱一斤？

A. 一块钱   B. 不到两块

C. 两块多   D. 不到5块

4 来王先生，我代表公司敬你一杯。

问：说话人要请对方干什么？

A. 吃饭   **B. 喝酒**

C. 喝茶   D. 吃药

5 我有一个学生的家长在那家公司当经理。

问：说话人是什么人？

A. 老师　　　　　　　　　　B. 学生

C. 经理　　　　　　　　　　D. 职员

6　　不是我想去，而是他多次请我，我不得不去。

问：这句话是什么意思？

A. 我很想去　　　　　　　　B. 我只好去

C. 我还没决定　　　　　　　D. 我不能去

7　　我们要一个鱼香肉丝、一个辣子鸡、还要点啤酒，米饭等会儿再说。

问：说话人可能在什么地方？

A. 家里　　　　　　　　　　B. 超市

C. 市场　　　　　　　　　　D. 餐厅

8　　你看看都几点了？你怎么现在才来啊？

问：说话的意思是？

A. 现在几点钟　　　　　　　B. 你是怎么来的

C. 你不应该来　　　　　　　D. 你来得太晚了

9　　这样的东西哪儿都有卖的。

问：说话人的意思是什么？

A. 卖这样的东西的商店很少　　B. 卖这样的东西的商店很多

C. 卖这样的东西的商店不多也不少　　D. 不知道哪儿卖这样的东西

10　　学校派他出国工作，他居然放弃了。

问：说话人的语气是：

A. 惊讶　　　　　　　　　　B. 担心

C. 赞同　　　　　　　　　　D. 埋怨

11　　他呀，一打起电话来就没完没了。你看，又开始聊了。

问：说话人的意思是什么？

A. 他还没打完电话   B. 他已经打完电话了

C. 他打电话的时间很长   D. 他正在打电话

12   对他来说，没有什么比睡觉更重要的了。

        问：这句话是什么意思？

        A. 睡觉不重要   **B. 睡觉是最重要的**

        C. 有的事比睡觉更重要   D. 睡觉比较重要

13   别看现在下大雨，说不定下午天就好了。

        问：关于今天的天气我们可以知道什么？

        A. 现在天气不错   B. 现在是阴天

        C. 现在下雨了   D. 下午可能会下雨

14   哎，你看这件的颜色对我合适吗？你帮我参谋参谋。

        问：他可能在做什么？

        A. 看电影   B. 买花

        C. 买衣服   D. 照相

15   身体都累坏了，要那么多钱有什么用呢？

        问：说话人的意思是？

        A. 身体很重要   B. 钱很重要

        C. 钱不好   D. 身体不重要

| 第二部分 |

16   女：你有什么爱好？

　　　男：我的爱好可不少，足球、游泳、上网和音乐，不过我**最喜欢**的还是**读书**。

　　　问：男的最喜欢做什么？

　　　A. **看书**　　　　　　　　　　B. 上网

　　　C. 听音乐　　　　　　　　　　D. 踢足球

17   女：你们学校学习汉语的人多吗？

　　　男：今年比去年少2个班，现在只有5个班。

　　　问：去年有几个班？

　　　A. 2个　　　　　　　　　　　B. 3个

　　　C. 5个　　　　　　　　　　　D. 7个

18   女：你喜欢吃鸡肉吗？

　　　男：**除了**鸡肉，别的什么肉我**都不**爱吃。

　　　问：男的喜欢吃什么？

　　　A. 鸡肉以外的别的肉　　　　　B. **鸡肉**

　　　C. 什么都喜欢　　　　　　　　D. 什么都不喜欢

19   女：这个句子是什么意思，昨天我没去上课？

　　　男：对不起，**昨天我也没去上课**。

　　　问：男的是什么意思？

　　　A. 不去上课　　　　　　　　　B. 不想告诉她

　　　C. **也不明白**　　　　　　　　D. 以后告诉她

20   女：今天你买了些什么？花了不少钱吧？

　　　男：我买了几本书，几瓶饮料。一共**才**花了不到五十元。

　　　问：男的认为自己花的钱多吗？

A. 很多　　　　　　　　　　B. **不多**

C. 一般　　　　　　　　　　D. 不知道

21　女：请问，你们这里有《阶梯HSK》这本书吗？

　　男：有，但是**不多了**。

　　问：他们在哪儿谈话？

　　A. 图书馆　　　　　　　　B. 博物馆

　　C. **书店**　　　　　　　　D. 商店

22　女：爸爸，我想先看完电视再做作业。

　　男：今天你有那么多作业，**还想看电视**？

　　问：男的是什么态度？

　　A. 同意　　　　　　　　　B. 高兴

　　C. **不同意**　　　　　　　D. 满意

23　男：别走了，咱们就在附近随便找馆子吃吃吧。

　　女：这附近的馆子环境不好，味道也差。

　　问：他们在找什么？

　　A. **饭馆**　　　　　　　　B. 图书馆

　　C. 体育馆　　　　　　　　D. 商店

24　男：我只有这20块了，剩下的钱你付吧。

　　女：一共才40块钱，你别管了。

　　问：女的是什么意思?

　　A. 生气了　　　　　　　　B. 她付20块

　　C. **她付40块**　　　　　　D. 应该男的付钱

25　男：再往前走走吧，前面还有好几家百货大楼呢。

　　女：算了吧，都逛了大半天了，累死了。

　　问：他们在干什么？

A. 参观   B. 锻炼

C. 逛街   D. 散步

26 女：我们坐地铁回去吧？

男：都十二点了，哪儿还有地铁啊？

问：男的是什么意思？

A. 太晚了没有地铁了   B. 不知道哪儿有地铁

C. 不想回去   D. 不知道还有没有地铁

27 男：张华从桂林旅游回来了吧？

女：回来了，不过**前天**又**出差去西安**了，下个星期还要去北京。

问：张华现在在哪儿？

A. 天津   **B. 西安**

C. 北京   D. 桂林

28 女：明天去故宫、颐和园，你觉得怎么样？

男：我们都去过了，现在香山的红叶很美，可以拍照片。

问：男的是什么意思？

A. 想去故宫   B. 想去颐和园

C. 想去香山   D. 介绍香山

29 男：天天吃米饭，我真想吃饺子了，咱们包饺子吧？

女：要包你自己包，我才没那时间呢。

问：女的是什么意思？

A. 她不喜欢饺子   B. 她想吃饺子

C. 她天天吃饺子   **D. 她没空包饺子**

30 男：我觉得小张现在的女朋友真不错，又漂亮又聪明。

女：什么呀？我觉得以前的更好。

问：女的认为小张现在的女朋友怎么样？

A. 很不错   B. 比以前的好

C. 没有以前的好   D. 很漂亮

31 没关系，我知道这种词典**哪儿都**有卖的。

问：说话人的意思是卖这词典的地方怎么样？

A. 很少   **B. 很多**

C. 不多也不少   D. 不知道

32 这么晚了，**还看什么**电视啊！

问：说话人的意思是什么？

A. 可以看电视   **B. 不应该看电视**

C. 应该看电视   D. 看不看电视都没关系

33 女：今年秋天水果比去年多，而且都很新鲜。

男： 可不是吗，比去年多多了。

问：下面哪种说法正确？

A. 去年水果很多   **B. 今年水果很多**

C. 去年水果很新鲜   D. 今年水果和去年一样多

34 女： 明子好像不舒服，给她拿点儿药吧。

男： 她的病不需要吃什么药，让她一个人好好休息就行了。

问： 男的是什么意思？

A. 明子需要休息   B. 没有治明子病的药

C. 明子没有病   D. 明子的病很重

35 女： 这个孩子是不是有点笨，考试成绩老是不好。

男： 什么笨呀，我看他是不努力。

问： 从对话中我们知道什么？

A. 孩子的老师不好   B. 孩子太笨了

C. 孩子成绩不太好   D. 孩子学习很努力

是根据下面这段录音：

　　怎么才能保持身体健康？我的办法是，第一，天气冷了，多穿点衣服；天气热了，少点穿衣服。第二，多喝水，多吃水果，少喝酒，少吃药。第三，工作不能太累，注意休息。第四，经常出去玩，或者去公园，或者参观博物馆，或者和朋友一起吃饭，或者……。第五保持精神愉快，不要生气。我的朋友对我说，还应保持经常锻炼身体。可是我不锻炼身体，身体也非常好，什么病也没有。

　　问：

36　要保持身体健康，应该怎么样？

A. 多穿衣服 　　　　　　　　　　B. 少穿衣服

C. 冬天多穿夏天少穿 　　　　　D. 冬天少穿夏天多穿

37　下面哪种办法他没做到？

A. 经常锻炼身体 　　　　　　　B. 少吃药

C. 注意休息 　　　　　　　　　　D. 不生气

38　要保持健康应该怎么样？

A. 根据天气变化增减衣服 　　　　B. 多吃水果少吃药

C. 注意休息，多出去玩 　　　　　**D. 上面都要做**

39~41　　　是根据下面这段录音：

男：寒假我打算去上海，那儿的气候怎么样？

女：上海的冬天又湿又冷。

男：可是我听说上海的气温比北京高。

女：北京的冬天虽然气温低，可是房间里很温暖。

男：上海冬天没有暖气吗？

女：很多地方没有，人们经常觉得外边比房间暖和。

男：中国南北气候差别真大。

女：是啊，北方下大雪的时候，广州还开着花呢。

男：我最喜欢下雪了，我应该去北方看看下雪以后的风景。

女：我建议你寒假的时候去昆明。

男：昆明气候很好吗？

女：在中国，气候最舒服的地方是昆明，那儿四季如春。

问：

39　　上海的冬天怎么样？

　　　A. 气温高　　　　　　　　　B. **又湿又冷**

　　　C. 外边比房间里暖和　　　　D. 没有暖气

40　　他决定寒假去哪儿？

　　　A. 上海　　　　　　　　　　B. 北京

　　　C. **昆明**　　　　　　　　　D. 还没决定

41　　中国气候最舒服的地方是哪儿？

　　　A. 上海　　　　　　　　　　B. 北京

　　　C. 广州　　　　　　　　　　D. **昆明**

42~43　　　　是根据下面这段录音：

　　　前天晚上，我的同屋突然发烧，拉肚子。他说肚子疼得厉害。我的汉语不太好，就请服务员帮我们叫了一辆出租车，我陪同屋一起去了第二人民医院。大夫问了一下情况，让他去做化验检查。大夫告诉他得的是急性肠炎，需要打针、吃药，我问大夫需要住院吗？大夫说不需要，回去以后好好休息，少吃油腻的东西，按时吃药。从门诊出来的时候我才注意到，这家医院真不小啊，环境也很不错。

　　　问：

42　　为什么要请服务员帮助叫出租车？

　　　A. 这是服务员的工作。　　　B. 服务员很热情

　　　C. 我肚子疼得厉害　　　　　D. **我汉语不太好**

43 从这段话中我们知道什么？

    A. 同屋要住院   B. 同屋不用打针

    C. 医院环境很好   D. 这家医院比较小

44~46   是根据下面这段录音：

男：行李收拾得怎么样了？

女：收拾好了，一共三个包。

男：三个包？那还怎么玩儿啊？

女：那也没办法。那地方气温变化大，衣服不能少带。吃的也不能少，那儿没有卖什么吃的。

男：那就减少点别的？

女：别的？相机、药品、毛巾、牙膏……你看看哪样能少？

男：这么说，就背着三个包去旅行？

女：这不挺好吗？又旅行，又锻炼身体。

问：

44 他们准备去做什么？

    A. 出差   B. 锻炼

    C. 旅游   D. 拍照

45 从对话中我们知道什么？

    A. 带的东西比较多   B. 带的东西不多

    C. 带的衣服很少   D. 带的吃的不多

46 女的为什么不愿减少行李？

    A. 带的东西都很重要   B. 她想锻炼身体

    C. 她觉得东西不多   D. 她喜欢多带东西

47~50 是根据下面这段录音：

小花的父母是双职工，工作很忙，只好由奶奶照顾她。奶奶非常爱小花，她怕小花生病，所以不带她上街玩，不去找朋友。奶奶又怕小花害怕，所以不带她去动物园。每天让她在家里玩玩具，奶奶才放心。小花一天天长大了，尽管奶奶不同意，小花的父母还是把她送进了幼儿园。在幼儿园里，小花总是躲在一边自己玩；小朋友们高高兴兴地演节目，她也是静静走开，她只是坐在一边看看。小花一天也说不了几句话。

问：

47   小花的父母为什么不照顾小花？
    A. 不喜欢小花   **B. 没时间**
    C. 奶奶不同意   D. 小花不喜欢他们

48   奶奶为什么不带小花去动物园？
    A. 小花怕动物   B. 奶奶怕动物
    C. 奶奶担心小花害怕   D. 父母不让去

49   小朋友演节目时小花为什么当观众？
    A. 喜欢当观众   B. 不喜欢演节目
    C. 小朋友不要她   **D. 习惯一个人活动**

50   谁不同意小花去幼儿园？
    A. 爸爸   B. 妈妈
    C. 小花   **D. 奶奶**

[저자소개]

吳 穎 오영 | 1993년부터 대외한어교학연구에 종사하였으며 2002년 상해사범대학에서 언어학 및 응용언어학 박사학위를 취득하였다. 현재 상해사범대학 대외한어학원 학과장, 부교수, 석사생 지도교수이고 중국 대외한어교학학회 회원이다. 2003년 2월부터 2004년 8월까지 한국 배화여자대학 중국어통번역과에서 중국어를 가르쳤다. 주요 연구방향은 현대한어 어휘어법, 대외한어교학연구로 각종 학술저널에 10여 편의 논문을 발표했으며, 5권의 대외한어교재 책임편집과 공동편집을 담당하였다. 또한, 여러 차례 국가 중대 연구 프로젝트 참가 및 국가 교육부 및 상해시 교육위원회 연구 프로젝트를 주관하기도 하였다.

1993年开始从事对外汉语教学与研究, 2002年毕业于上海师范大学, 获语言学及应用语言学博士学位。现为上海师范大学对外汉语学院系主任, 副教授, 硕士生导师, 中国对外汉语教学学会会员。2003年2月至2004年8月公派赴韩国培花女子大学中通系教授汉语。主要研究方向为现代汉语词汇语法、对外汉语教学研究。曾在各类学术刊物上发表论文十多篇, 主编、参编对外汉语教材五部。曾多次参加国家重大研究课题、主持国家教育部及上海市教委科研项目。

HSK 초·중등 유형별 연습 - 6급 넘기기

초판1쇄 발행	2004년 12월 20일	
초판2쇄 발행	2006년 1월 20일	
수정판1쇄 발행	2008년 2월 25일	
수정판2쇄 발행	2009년 9월 10일	

저　　자	吳穎 오영
역　　자	이정희
펴 낸 곳	북코리아
등록번호	제03-01240호
주　　소	121-801 서울시 마포구 공덕동 115-13번지 2층
전　　화	(02) 704-7840
팩　　스	(02) 704-7848
이 메 일	sunhaksa@korea.com
홈페이지	www.sunhaksa.com

값 14,000원 (TAPE 포함)

ISBN 89-89316-45-6　98720

본서의 무단복제행위를 금하며, 잘못된 책은 바꾸어 드립니다.